その場の空気に負けてしまう

「気弱な人」の失敗しない話し方

スピーチライター
蔭山洋介

WAVE出版

はじめに

「キミはどう思う？」

本書は、この言葉にドキッとしてしまう人のために書きました。

具体的には、こんな人たちです。

・忙しくても、頼まれたら断れない
・食事は、相手が食べたいものに合わせてしまう
・意見を言うのが苦手
・メールを送るときも、送った後も、不安で何度も確認してしまう
・繊細すぎて疲れてしまう

「自分に自信がないことが原因で、生きづらさを強く感じている人たち」が

います。本書では、自信が持てないという特徴から、「気弱さん」と呼ぶことにします。

気弱さんは、自分よりも相手を優先してしまうことがとても多くあります。例えば、仕事が忙しい時に「これやってくれない？」と頼まれて、どんなに嫌でも断れなかったりします。普通の人であれば、「ごめん、手伝いたいんだけど、今忙しくて」と、サラッと断れるのですが、気弱さんは断れずに引き受けてしまいます。

こんな些細なことが1つか2つだったら、特に問題ないのですが、気弱さんにはこのようなことが24時間365日休むことなく続きます。これだけでも、心身をすり減らすことになります。

また、気軽なお願いばかりではなく、「高額な契約をさせられた」「興味のない相手から言い寄られて困った」「倫理的に問題のあることをさせられた」など、無理なお願いを受け入れざるをえず、深く傷ついてしまうことも多々あります。

そして、自分よりも他人を優先し続けてきた結果、自分のやりたいことが自分でわからなくなっています。やりたいことがわからないので、将来どうしていけばいいか、漠然とした不安に押しつぶされそうになっています。

そんな気弱さんにアドバイスをするようになったのは、2018年頃です。私は、普段スピーチライターとして、経営者や政治家などに、スピーチ原稿を書く仕事をしています。また、スピーチでのあがり症を治すお手伝いをたくさんしてきました。

意外に思われるかもしれませんが、あがり症を治すことはそれほど難しいことではありません。短期間のスピーチトレーニングですぐに治ってしまいます。

ところが、スピーチトレーニングだけであがり症を克服することが難しい人たちがその頃から増えてきました。それが気弱さんでした。気弱さんは、人前で話すことが問題なのではなくて、人とのコミュニケーション全般で相手を優先してしまうことが問題です。スピーチだけトレーニングしてもあまり効果的ではないのです。

そこで、気弱さんでもすぐに実践できる話し方や、気弱さんそのものを克服する方法はないか、気弱さんたちと一緒に試行錯誤してきました。

そうした取り組みを進める中で、気弱さんたちはだんだんと言いたいことが言え、断りたいことが断れるようになっていきました。そして、最終的には、すっかり気弱さんを克服して、自分で目標を定めて、自分に自信を持って前に進むことができるようになったのです。


本書は、そんな気弱さん克服の取り組みの中で、特に効果の大きかったものを体系化してまとめています。

第1章では、気弱さんが具体的にどんな人なのかを紹介しています。また、気弱さんとよく似ている、HSP（Highly Sensitive Person）や愛着障害なども紹介しています。

第2章では、気弱さんが疲れ果ててしまう相手からの「守りのコミュニケーション」を、第3章では逆に「攻めのコミュニケーション」として気弱さんのままでも失敗しない提案の方法を解説しています。

この守りと攻めが実践できれば、気弱さんのままでも生活がすごく楽になるはずです。

第4章では、気弱さんを実際に克服した事例をインタビュー形式で紹介し、気弱さんの何がそんなに大変なのか、克服するとどう人生が変わるのかを生々しく語ってもらいました。

そして最後の第5章では、気弱さんを克服するための方法を「7つの習慣」にまとめました。気弱さんの克服には、厳しい訓練は必要ありません。ほんの少し自分を大切にする習慣を身につけるだけで、克服することができるんです。

また、本書は気弱さんを克服するための本ですが、思ってもみない効果もありました。気弱さんの中には、感覚が敏感で繊細な特徴を持つHSPが多いのですが、そのHSPが治ってしまったのです。

正確には1章で詳述している通りで、HSPが治るという考え方がそもそも正確ではないのですが、しかし他人の感情に左右されすぎたり、光や音に圧倒されるという特徴が、かなり抑えられたことは事実です。自分がＨＳＰで生きづらいと感じている人にも、ぜひ本書を参考にしてもらいたいと思います。

それでは、気弱さんの生きづらい人生を、ここから一緒に変えていきましょう。

目次

第1章　気弱さんってどんな人?

第2章
自分を守る コミュニケーション術

オハヨウゴザイマス
笑顔…
ジェスチャー…
滑舌…
えっと
えっと
話し方レッスン

第3章 空気に負けず「伝わる」5つのステップ

第4章 気弱さん克服体験談

第5章 気弱さんから卒業する7つの習慣

卒業証書
卒業証書

イラスト　児島衣里
装　　丁　佐々木博則
ＤＴＰ　小山田倫子
校　　正　株式会社ぷれす
編　　集　枝久保英里（WAVE出版）

第1章
気弱さんってどんな人？

気弱さんチェックリスト

当てはまるものすべてにチェックを入れてください。

	項目	チェック
1	自分の好みより、周りの好みに合わせてしまう	
2	何が好きかわからない	
3	自分に自信がない	
4	知らない人であっても、お願いを断ることが難しい	
5	明らかな間違いを指摘できない	
6	他の人に怒りをぶつけられない	
7	どうしていいかわからなくなると、涙が出てくる	
8	親しい間柄であってもお願いができない	
9	メッセージを送った後に心配になる	
10	仕事など、自分のやりたいことがわからない	
11	話の途中でトイレに立つことができない	
12	カラオケなどで、大きな声で歌うことができない	
13	人前でスピーチをすることが苦手だ	
14	意見を求められるのが怖い	
15	SNS を毎日 1 時間以上見ないと不安になる	
16	不安なことがあるとネットで検索し続けてしまう	
17	服を買うとき、良くも悪くも目立たないことを優先する	
18	モノを捨てられない。またはすべて断捨離してしまう	

5個以上当てはまったら、あなたも気弱さんかもしれません。

第　１　章

気弱さんってどんな人？

気弱さんは生きづらい

この章ではまず、気弱さんがどんな人なのか、具体的に紹介するところから始めたいと思います。

「はじめに」でも定義した通り、気弱さんとは「自分に自信がないことが原因で、生きづらさを強く感じている人たち」のことです。その気弱さんが日々、**どんな場面で苦労しているのか、その「生きづらさ」の正体を探っていきたい**と思います。

そして、あがり症やＨＳＰ、愛着障害など、近い悩みを持つ人たちと、気弱さんとの違いや関係について考えていきます。

ぜひ、自分が日々困っていること、ずっと悩んでいることと重ねながら、読んでみてください。

◎断れない

気弱さんは、自分に自信がありません。

現代は、次から次へと新しいものが生まれ、多くの人がＡＩに仕事を奪われるともいわれる時代です。このような社会では「自分に自信があります」と言い切ることはとても難しいことかもしれません。

ですから、自信がないこと自体は、それほど深刻な問題とはいえないでしょう。しかし、生活に生きづらさを抱えるほど、自分に自信が持てないのであれば問題です。気弱さんは、自信のなさが原因で、日常的にさまざまな困難に直面しています。

まず、気弱さんはお願いを断ることが苦手です。「あなたのためを思って言っているんだよ」や「絶対にオススメ」といった言葉を言われたときに、自分に自信がないと、反論することが難しくなります。

心のどこかで、「本当にそうかな？」「他にもっとあるんじゃないの？」と思ったとしても、「自分の知らないことがあるんじゃないか」「自分が勘違いしているんじゃないか」と、自分の意見を信じることができないからです。

この「お願いを断ることができない」という性格によって、気弱さんは深刻な事態に陥ってしまうこともあります。

例えば、ペンを貸してほしいなど、気軽なお願いが断れないことは、それほど大きな問題にはなりません。しかし、高額な化粧品を勧められたり、友達から怪しいセミナーに誘われたり、お金を貸してほしいと頼まれたりしたときに、「断れない」性格がどれだけ気弱さんを苦しめるかは、想像に難くありません。

また、興味のない異性からアプローチをかけられて、意思表示ができずにトラブルに巻き込まれたり、依存的に甘えられて心が疲れ切ってしまったりします。

お願いを断れないというのは、生活していくうえでとても危険なことなのです。

◎お願いができない

気弱さんは、お願いを断ることができないだけでなく、自分からお願いすることも苦手です。特に、よく知らない人にお願いすることが苦手な傾向があります。

例えば、あるアパレルショップで買い物をしているとき、セールの棚にある商品なのに1つだけセールのタグが付いていませんでした。「セールだったら買うけど、定価だったら買わない」と思いました。この場合、店員さんに「これはセール品ですか?」と聞けばすべてが解決しますが、気弱さんはこれができません。

いわゆる人見知りと同じような心理状況で、自分から積極的に他者と関わることが苦手です。そのため、気弱さんはセール品かどうか確認することなく、買うことを諦めてしまいます。

他にも、カフェのエアコンが効きすぎているときは、店員さんに「少し寒いのでエアコンを調整してもらえませんか」と、お願いすれば良いのですが、我慢するか、お店を出て行くことになりがちです。

これは、親しい間柄であっても同じです。例えば、友達と話が盛り上がっているときに、終電の時間が迫っていても、「帰りたい」と言い出せなかったり、アルバイトのシフトの変更をお願いできずに無理をしてしまったりすることもあります。

このように気弱さんは、ほんの少しのお願いができないために、我慢ばかりしてしまっているのです。

◎人前でのスピーチで頭が真っ白になる

気弱さんは、自分の意見を人に伝えることがとても苦手です。会議で「キミはどう思う？」と、意見を求められると、頭が真っ白になってしまうこともあります。

気弱さんが意見を伝えることができないのは、考えがないからではありません。「なんとなくこうじゃないかな？」という意見はあったりするのですが、「自分が考えたことなんて、どうせ大したことない」と思ってしまい、

自分の意見をなかったことにしてしまうからです。そして、どこかで誰かが言っていることをそのまま言ったり、周りの意見に合わせたりして、その場をやり過ごそうとします。

プレゼンテーションやスピーチなど、人前で話すときも同じです。自分の意見を考える前に、他の誰かが考えた正解のテンプレートを検索で探してきて、それをもとに話そうとします。しかし、その内容は自分の中から出てきたものではないので、最後まで自信が持てません。

いざ人前に立って話し始めると、手足に汗をかき始め、震えが止まらなくなり、次第に声も震えだし、頭が真っ白になって、何を話しているのかわからなくなってしまうのです。いわゆるあがり症で、気弱さんの多くはこのあがり症に悩んでいます。

ですから、あがり症をなんとか克服したいと考えるのですが、一般的なあがり症と、気弱さんのあがり症はその原因が異なるため、改善方法も異なります。

一般的なあがり症を、克服することはそんなに難しいことではありません。

人前に立って話すスキル不足が原因でパニックを起こしているので、スピーチトレーニングで簡単に改善します。これまでの経験からですが、9割以上の人は、あがり症にはスピーチトレーニングだけで十分対応できます。

一方で、気弱さんのあがり症は、極端な自信のなさが原因です。スピーチトレーニングをおこなっても、話す内容に自信が持てなければあまり意味がありません。また、これまでの経験から、ストレスマネジメントのような心理トレーニングもあまり有効ではありません。

気弱さんのあがり症を治すには、気弱さんという性格そのものにアプローチするのが、最も効果的だと感じています。

◎自分に非があると考える

気弱さんは、どんなに理不尽な状況でも「自分に責任があるのではないか」と考えてしまいます。

例えば、相手に失礼なことを言われたときに、「相手を不快にさせたのは自分だし、自分の対応が良くなかったんだろう」と考えてしまいます。本当は、ただ相手が一方的に失礼だったとしても、です。

気弱さんは、相手の責任を追及することが苦手です。「あなたがそのように私を責めるのは筋違いですよ」と、声に出せないまでも、心の中だけでもそのように思えれば、つらさも半減するでしょう。しかし、自分に自信がないために、相手の言っていることが正しく、自分が間違っていると考えてしまいます。

その結果、どんなにつらい状況でも、「この状況を作り出した自分に責任があるから、受け入れるしかないんだ」と思い込み、必死で耐え忍ぶことになります。しかし、そのような理不尽は、際限なく次々と押し寄せ続けるので疲れ切ってしまいます。

すべてが自己責任と考える気弱さんは、ある意味において自分に厳しすぎる人ともいえます。ある気弱さんは「人生はつらいものでなければならないって思っているんです」と言っていました。責任を取る姿勢は立派ですが、気弱さんに必要なのは、少し冷静になって、責任という重荷を周囲と分担して、少し楽になることかもしれません。

◎やりたいことがわからない

気弱さんは、**「自分なんかが優先されていいわけがない」と思っているところがあり、自分の好みより、他人の好みを優先してしまう傾向があります。**

また周囲との調和を大切にするので、着たい服や食べたいもの、したいことが最小限になってしまっていて、基本的には周りと同じようなものを食べて、同じような服を着て、同じように生活しようとする傾向があります。

このように他人を優先するあまり、自分の好みがわからなくなっています。例えば、服装では、目立つことを好まないので、大胆な色使いのものや、オシャレすぎる服装を選びたがりません。どちらかといえば、誰にも何にも言われないような服装を好みます。ですから、服装を褒められたりしても、素直に喜べないこともあるようです。

気弱さんは「オシャレは自信のある人、ちゃんとした人がすることで、自分なんかがそんなことをするのはちょっと違う」と考えていたりします。たしかに、冴えないおじさんが、いきなりバリバリのファッションブランドに身を包んで現れたら、周りはひいてしまうでしょう。そんな感覚なのかもしれません。

しかし、気弱さん本人はいたって明るく、さりげなく着こなしていたりするので、外見から受ける印象だけでは気づきにくいでしょう。

このように気弱さんは、自分の意見がない状態に追い込まれているのですが、これがさらに、自分のやりたいことがわからないことにつながっています。

そして他人に合わせているだけでは、人生がうまくいくという実感が持てず、将来がただただ不安という状態になっていたりします。

◎たまに大胆な行動を取る

気弱さんは、精神的に厳しい状況に追い込まれているので、なんとかこの状況を変えたいと強く思っています。

そして、ある日突然決意をして、自分を変えるために極端な行動に打って出て、自分を強い存在に高めようとすることがあります。

例えば、海外へ一人旅をしてみたり、厳しいセミナーを受講してみたり、滝行に挑戦したりして、自分を変えるきっかけを探し続けています。

しかし、このような方法で強い自分に生まれ変わることは、なかなかありません。実際、私の周りにも、自己啓発セミナーに参加してもまったく成長できず、精神的にも金銭的にも追い込まれてしまった人が何人もいます。中には、うまくいって人生が変わる人もいるのですが、少なくとも気弱さんにとって、このような方法はオススメできません。

なぜかというと、気弱さんの状況にまったく合わないからです。

気弱さんは、いじめられっ子と同じような状態で、心がストレスを受けすぎて、疲れ切っています。この疲れた心を、さらに自分が強くなるために厳しいストレスにさらすことは、かなり危険です。風邪で熱が出ているところに、水風呂に入るようなものです。かえって風邪が悪化することになりかねません。

風邪で弱っている気弱さんには、まずは温かいお布団が必要です。温かくして、少しずつ元気を取り戻して、元気になった後に、いろいろなことにチャレンジすれば良いのです。繰り返しますが、強い自分に生まれ変わるために必要なのは、水風呂ではなく、まずは温かいお布団です。

気弱さんとよく似たタイプ

◎内気やコミュ障ではない

気弱さんの特徴をまとめると、自分に自信がなく、断ることができず、自分の意見が言えない人、になります。

ですから、教室の隅で読書するのを好むような、内気な人を想像するかもしれません。漫画やアニメでは、メガネをかけていつも赤面している恥ずかしがり屋なキャラクターです。しかし、そのような内気なタイプだけが気弱さんではありません。

気弱さんには、たしかに内気なタイプもいますが、むしろ快活な印象の人が多く、自分の意見を述べるのが苦手だとは見えない人もいます。

明るく元気で誰からも好かれる優等生の人もいますし、セミナー講師をしている人もいます。人前で話すことが苦手な気弱さんの中には、自分の苦手を克服したいという欲求から、あえて自分の苦手なことを仕事にする人もいるのです。ですが、決して気弱さんを克服できているわけではなく、内心ではもう嫌だと思っていたりします。

ですから、見た目だけで気弱さんかどうかを判断することは難しいかもしれません。内気なタイプ、社交的なタイプ、その両方に気弱さんはいます。逆に、気弱さん以外にも、内気に見えても内面はしっかりしていて、物静かでも自分の意見をしっかり伝えられたり、絵や音楽で表現できたりする人もいます。

気弱さんかどうかは、外見のイメージではなく、内面の自信のなさと、生きづらさから判断するほうがいいでしょう。

◎HSPとの共通点

近年、HSPという性格に大きな注目が集まっています。HSPとは、アメリカの臨床深層心理学博士のエレイン・アーロンさんが提唱した性格の1つで、日本では2018年に武田友紀さんの『「繊細さん」の本』（飛鳥新社）がベストセラーになり、一般的にも知られるようになってきました。現在、多くの書籍が刊行され、ツイッターやＬＩＮＥなどでは、ＨＳＰを自認する人たちによって活発に情報発信されています。

一般的に考えられているＨＳＰの特徴は大きく２つあります。その１つは、敏感さです。例えば、五感の刺激に対して敏感です。

視覚的には、街を歩いているときの看板の情報に圧倒されたり、スーパーのラベルやポップの情報が洪水のように押し寄せてきて目が回ってしまったりします。これは、視覚だけでなく、聴覚、味覚、嗅覚、触覚などでも、同様に敏感であることが多いようです。

また、他者の感情の影響を受けやすく、近くにイライラしている人がいると、気になって何も手につかなくなってしまったり、他の人が気づかないようなわずかな変化を感じとったり、芸術などで深く感動したりします。

刺激に敏感で、「他者の感情の影響を受けやすい」ところなどは、気弱さんの特徴と一部重なるところがあるように見えます。

気弱さんと重なるもので、もう１つ大きな特徴があります。**ＨＳＰに関す**

る書籍やネット情報を眺めると、「HSPは自信がない」「HSPは断れない」「HSPは意見が言えない」といった自我の弱さに関するものが散見されるのです。

このような特徴は、広く書籍の中でも紹介されていて、例えば『「繊細さん」の本』の中でも、このような困難を乗り越えるために『「こんなにわがままでいいのかな」と思うくらい積極的に自分を優先していく必要がある』と述べられていて、HSPの人は自我が弱いことが前提になっていることがわかります。

しかし、すでにお気づきかと思うのですが、このような特徴は気弱さんの特徴そのものです。では、気弱さんはHSPなのでしょうか？

◎気弱さんとHSPの違い

結論からいえば、気弱さんはHSPではありません。

HSPが専門の東京大学特別研究員・日本学術振興会特別研究員PD・心理学博士の飯村周平さんらによって運営されているウェブサイト〝Japan

Sensitivity Research』のQ&Aには「ＨＳＰは頼まれると断れない」という見解について、次のように書かれています。

「このようなエビデンスはありません。これも『ＨＳＰあるある』として発信されていました。このようなことにＨＳＰというラベルを貼ると誤った見方を助長します。他にも「ＨＳＰは自分の考えがない」など、自己主張できない人かのように発信されることがありますが、そのような主張を支持するエビデンスはありません」（2021年1月）

つまり、**ＨＳＰの2つある特徴のうち、自我の弱さについては、ＨＳＰとは関係がないと断言している**ことになります。

また、定義については、「ＨＳＰ（Highly Sensitive Person）あるいはＨＳＣ（Highly Sensitive Child）とは、環境感受性がとくに高い人たちを表すカテゴリもしくはラベルです。そのため、ＨＳＰは『生きづらさ』を表すラベルではなく、『良い環境と悪い環境から、良くも悪くも影響を受けやすい人』として理解されています」としていて、あくまで敏感さや影響の受けやすさを表す言葉であって、自己主張ができるかどうかなどは、定義の中に含まれないことがわかります。

この定義に従えば、気弱さんはHSPではありません。**HSPは繊細な人、気弱さんは自信のない人、と明確に線を引いて分けるほうが自然でしょう。HSPは生きづらさと結びついている概念ではないのです。**

では、なぜ「HSPは自信がない」という説がこうも広がるのでしょうか。

図1は、HSPと気弱さんの関係を表しています。左の円がHSPを、右の円が気弱さんを表しています。そして、重なるところにいるのが、HSP的な特徴と気弱さん的な特徴を併せ持った人です。ここでは「繊細な気弱さん」と呼びたいと思います。

一般的に広がっているHSPの定義では、この左右の円が共にHSPと理解されていますが、実際にはこのような関係にあると考えると良いでしょう。

HSPは生きづらさのラベルではないのですが、気弱さんは生きづらさのラベルです。ですから、繊細な気弱さんは、繊細さで悩んでいるわけではな

図1　HSPと気弱さんの関係

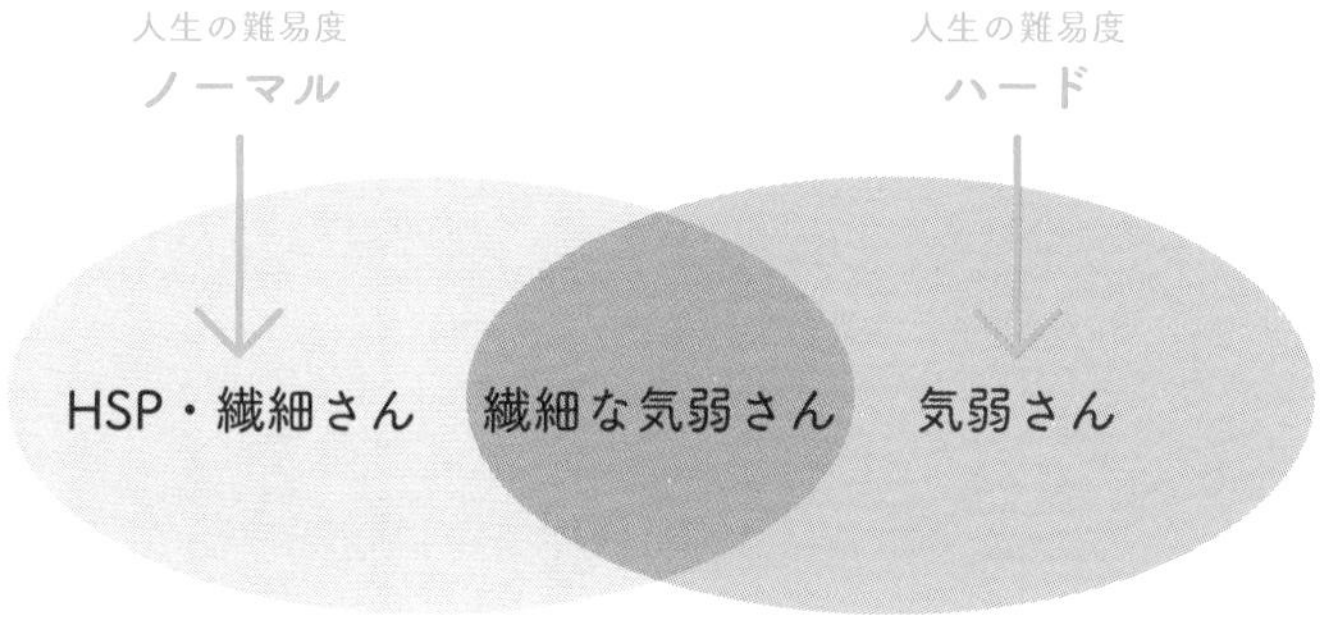

く、自信のなさによってさまざまな問題が起こっていると考えられます。そう考えれば、「『こんなにわがままでいいのかな』と思うくらい積極的に自分を優先していく」ことでHSPを克服するのではなく、気弱さんを克服して元気に生きていけるようになる、ということだと思われます。
実際に、私がトレーニングを通して目の当たりしたのは、繊細な気弱さんが、気弱さんを克服して、繊細だけど元気な人になるという過程でした。

◎気弱さんとHSPはどのくらいいるのか

ＨＳＰ的な特徴を持った人は、全体の2割程度いるといわれていますが、ＨＳＰはグラデーションで表現されるもので、ここからがＨＳＰで、ここからがＨＳＰではないと明確に線引きされるものではありません。

また、治療が目的の概念ではないので、診断によって線引きする必要がありません。そのためＨＳＰは精神医療の概念ではないのです。

ＨＳＰとＨＳＰでない人を線引きして「ＨＳＰのことは非ＨＳＰには理解できない」という表現もネット上では見受けられるのですが、そのような対立的な概念でもありません。

余談ですが、私もウェブなどで公開されているＨＳＰ診断のチェックリストを確認したところ、ＨＳＰに該当しました。そんな私は、周囲から理解されていないとは思っていません。また、ＨＳＰを公言されている田村淳さんも、多くの人から理解され支持されていることから、理解されていないとは思っていないでしょう。

図2　自分自身に関する調査

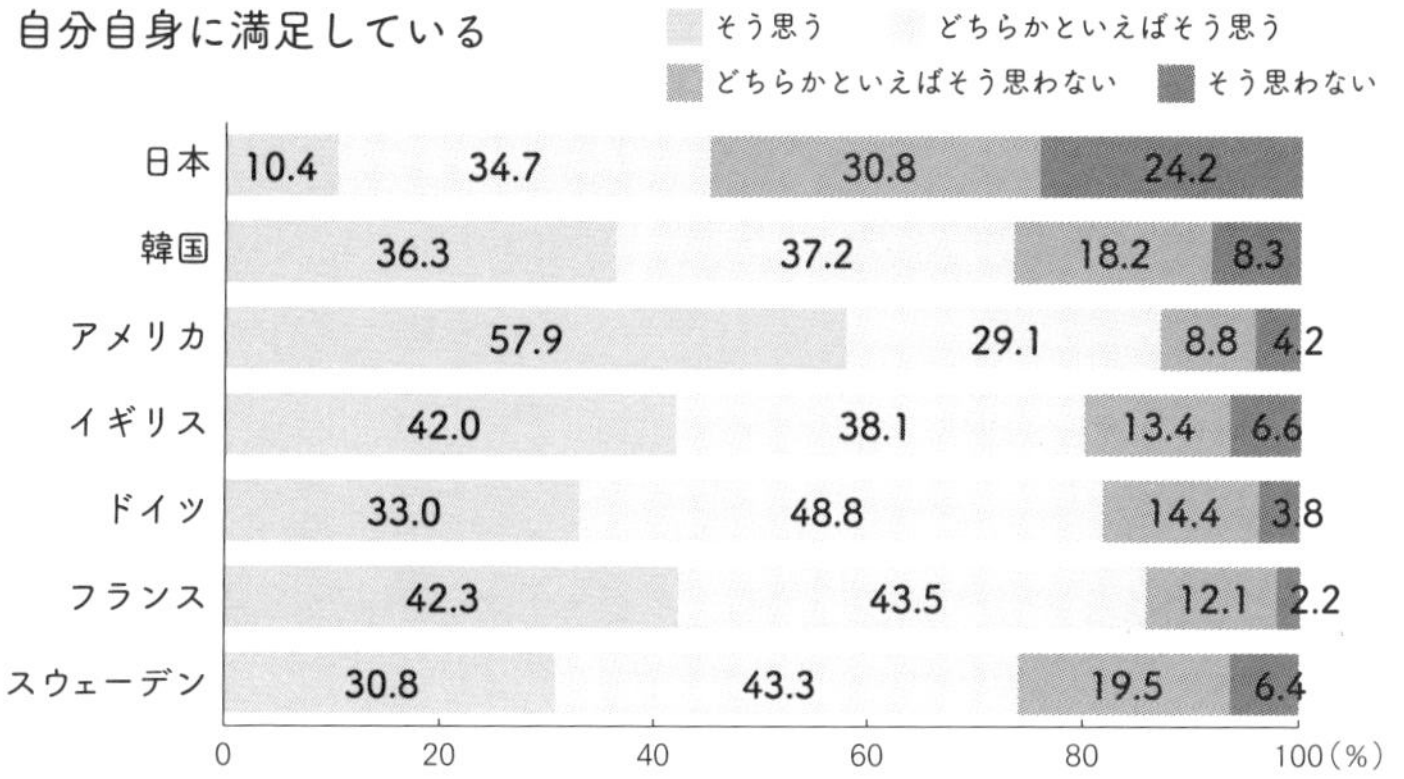

出典:内閣府「我が国と諸外国の若者の意識に関する調査」

「私の苦しみは他人からは理解されない」というのは、普遍的な考え方で、誰にでも当てはまります。「HSPは理解されない」というのは、この言葉とほとんど同じなのかもしれません。

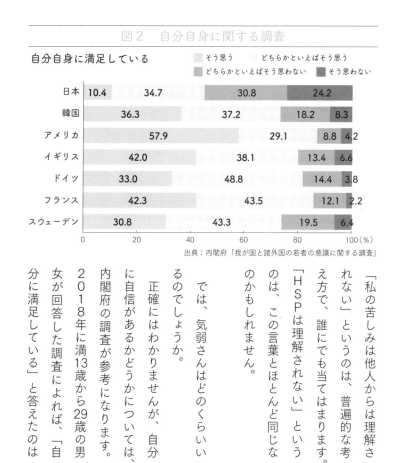

では、気弱さんはどのくらいいるのでしょうか。

正確にはわかりませんが、自分に自信があるかどうかについては、内閣府の調査が参考になります。2018年に満13歳から29歳の男女が回答した調査によれば、「自分に満足している」と答えたのは全体の45・1％であったと報告しています（図2）。

日本では、気弱さん予備軍として残りの約55％が該当しそうです。

このうち、気弱さんとHSP的傾向を併せ持っている繊細な気弱さんがどのくらいいるか知るには何らかの統計調査が必要ですが、私のもとに寄せられる相談では、この2つの性質を併せ持って悩んでいる人は少なくありません。

また、書籍やウェブサイトを見る限りにおいても、この両方の性質も持っている人は社会的に問題になる程度にはいるのではないかと思われます。

◎気弱さんと愛着障害

気弱さんは、「愛着障害」である可能性も考えられます。

愛着障害とは、噛み砕いていえば、「子供の頃に適切な愛情を受けられなかったことが原因で、コミュニケーションに問題を抱えている人」のことです。

母子の密接な結びつきや、養育者との信頼関係を「愛着」といいます。その愛着を結んだ経験が十分でなかったために、他者と愛着を形成することが難しくなっていると考えられています。

精神科医の岡田尊司さんは『愛着障害』(光文社新書)の中で、愛着障害の1つのタイプとして「不安型」を紹介しています。この不安型が気弱さんの特徴に非常によく似ています。

要約すると不安型は、終始気を遣い、拒絶や見捨てられることに敏感で、相手に媚びを売りやすく、べったりとした依存関係になりやすい、といいます。気弱さんと、断ることができず依存関係になりやすい点が重なります。

また、ネット上では「HSPには毒親が多い」という表現もよく見られます。この場合のHSPは、繊細な気弱さんのことを指していると思われるのですが、たしかに相談に来られる人たちの中には、厳格な両親に育てられたという人が多いように思います。その厳しすぎる教育方針が、繊細な気弱さんと不安型がよく似ている原因なのかもしれません。

しかし一方で、**愛着形成に問題があるとは思えない気弱さんもいるため、気弱さんの原因をすべて愛着障害に求めるのは無理があると思います。**

本書で紹介しているメソッドは、気弱さんの克服を目指したものですから、愛着障害の克服をあまり問題にはしていません。しかし、愛着を問題にしなくても、自分に自信がないという点で共通しているため、愛着障害であっても改善が期待できます。

また、本書のメソッドは医師やカウンセラーのサポートも前提にしておらず、1人で克服していけるように考えられています。そのため緊急性がなければ、まずは本書の内容を試してみてうまくいかなかった場合、愛着障害にフォーカスを当てた治療に移行し、専門機関に相談するという流れでも良いと思います。

第2章
自分を守るコミュニケーション術

自分を守るコミュニケーション術を身につける

気弱さんは、お願いを断れないために疲れ切っています。そこで、**まず相手のお願いに振り回されないで、自分を守れるようになることを最優先に考えることが大切**です。

急に自分を変えようとして、大胆な行動をする必要はありません。どうしても立ち向かえない相手からはうまく逃げる、逃げられないときは第三者を頼るなど、気弱なままでできる、守りのコミュニケーション術を身につけましょう。

コミュニケーション術というと、自分の意見を堂々と話したり、相手をわかりやすい言葉で説得して商品を販売したりすることを目指す「セールストーク」のようなイメージがあるかもしれません。話し方の本の大半は、そのような積極的な「攻め」の話し方を紹介しています。

例えば、お笑い芸人の中田敦彦さんは、YouTube大学で華麗なプレゼンテーションを披露して人気を集めています。YouTube大学では、本の内容をホワイトボードに書いたアウトラインに沿っておもしろおかしく話していくのですが、ほぼ間違いなく、著者が喋るよりも、より興味深く伝えられていると思います。

あんな風に話せたらなあと思うかもしれませんが、気弱さんが目指しても簡単には習得できませんし、そもそも目指す必要もありません。

気弱さんにとって重要なことは、巧みな話術を身につけることではなく、コミュニケーションの中で発生する同調圧力、「私はこう思うんだけど、あなたもそう思うよね？」とか「これ、やってくれるよね？」というものに対して、**「そうは思わない」とか「やりたくない」と伝えられるようになること**、ただこの一点だけなのです。

もちろん話術を身につけてもいいのですが、それは気弱さんの気弱を克服することと、ほとんど関係がありません。

実際、セミナー講師として活躍している気弱さんもいます。セミナー講師ですから、熟練した話術を身につけていますし、原稿通りであれば場をリードする力も持ち合わせています。しかし、このような話術は、原稿があればこそです。同調圧力の中で意見を求められたり、お願いされたりすると、結局自分を貫けず、苦しい思いをします。**攻めの話術では、気弱さんに降りかかってくる困難から自分を守ることができない**のです。

ですから、攻めの話術ではなく、守りのコミュニケーション術を身につけたいわけですが、こういうと、気弱さん以外の人は、「そんなの勇気を振り絞ってノーと言うだけじゃないか」と思うはずです。

しかし、気弱さんには、それができません。実際、ノーと言えないので、代わりにノーと言ってもらうためのサービスが登場するほどです。そのサービスとは、「退職代行サービス」です。

人事の専門家から聞いた話では「最近の新入社員は、退職代行を使うのが普通になっている」そうです。この「普通」がどのくらいかというと、10人いたら1人か2人くらいかと思っていたら、8人くらいは退職代行を使って退職するイメージだといいます。もちろん、企業の規模にもよるのでしょうが、少し前では考えられないほど多い印象です。

上の世代では、最後くらい自分の口でしっかりと事情を説明するのが礼儀だと考える人が多いと思うのですが、そういう考え方はもはや過去のもののようです。

気弱さんが、退職代行を使うのは、退職の相談をするときに相手に何を言われるのかわからないということと、退職でさえも説得されてしまって辞められないのではないかという恐怖があるからでしょう。

今の時代、想像以上にノーと言うのが難しくなっているのかもしれません。

しかし、このようなコミュニケーションの代行サービスが使えるのは、ごく限られたシーンだけですから、代行サービスを使わなくても、自分を守れるようになる必要があります。

ここからは、気弱さんがよく遭遇する困った場面を「気弱さんあるある」としながら、どのように自分を守ればいいのか、守りのコミュニケーション術を紹介していきます。

無茶ぶりはブロック！

気弱さんあるある

「この後、飲みに行こうよ」

「えーっと、この後予定が……」

「大丈夫っしょ、行こう行こう！」

「えー、でも……。まあ、……うーん……」

断ったはずなのに、
イエスになっている。

気弱さんは、とにかく断るのが苦手です。特に強引に誘ってくる相手には、ノーと言うことができません。

一度ノーと言っているのに、その意見を「ないわぁ」「大丈夫でしょ」などの言葉で打ち消されて、その場のノリを優先するよう強要されます。

そして、強くノーと言えずに、嫌な気持ちを察してほしそうな曖昧な態度を取っていると、なぜか逆に、イエスと返事をしたことになって、そのお願いを受け入れざるをえなくなるのです。

これが、我慢できる範囲のお願いであれば、ちょっと嫌な思いをするだけで済むのですが、時々無茶なお願いをしてくる人がいます。絶対に動かせない予定を動かすように強要してきたり、厳しい束縛をしてきたり、他人を攻撃するようなお願いを強要されることもあります。

このような無茶なお願いをしてくる相手には、気弱さんの嫌な気持ちを理解したうえであえて頼んでくる人と、気づかずに頼んでくる人がいます。

どちらも、気弱さんにとっては大きな心の負担になるのですが、より危険なのは、あえて頼んでくる人です。

その場合、気弱さんを子分のような存在だと考えていて、自分への忠誠を試し、より従順な子分に仕立てようとしている可能性があります。

これは無理難題を聞いてくれるなら、子分でいてくれるだろうという考え方です。また、強要される側も、一度従ってしまったら引き返せないと覚悟が固まってしまい、よりいっそう自分を殺して従順であろうとしてしまいます。これは、マインドコントロールの手法そのもので、とても危険です。

気弱さんは優しいので、相手がこちらの状況や気持ちを理解してくれれば、対応を変えてくれると思うかもしれません。しかし、このような相手は、「話せばわかってくれる」という可能性はありません。嫌な気持ちを理解したうえで、あえてお願いをしてきているからです。

気弱さんが、この種の操作してくる人と出会ってしまったら、とにかく逃げるしかありません。コミュニケーション力を高めれば戦えるようにもなるのですが、すぐには難しいでしょう。理屈が通っていないような話でも、気弱さんの場合、少し恫喝されればパニックになって黙ってしまうからです。

ですから、もし自分の嫌な気持ちを伝えてもなお「あなたのため」などと

言って、無理なお願いを繰り返してくる人、威圧してくる人に近づいてしまった場合、とにかく逃げてください。

逃げる方法は、基本的にはなんの前触れもなく連絡先をブロックするだけです。何をされるかわからずものすごく怖くなると思いますが、勇気を出してブロックしてください。会社や学校、家庭などで逃げ場がないときは、耐えるか、物理的に本当に逃げるかの選択が必要です。耐えられないと判断したときは、早めに逃げてください。

心は意外に脆いものです。人は長く我慢し続けることはできません。逃げた後のことが心配になるかもしれませんが、そのままで心を壊すより、ずっと良い選択です。

POINT

無茶なお願いをあえてしてくる人は、「操作してくる人」。危険なので、すぐに逃げよう。

気弱さんあるある

感情がわからない人もいると知る

「この前、『ゴジラVSキングギドラ』観たんだけど、マジでおもしろくてさ」

「へえ、どんな話だったの?」

「今回のゴジラはゴジラザウルスが変異したもので、民間企業の原潜を沈めたのち、北海道に上陸し、未来人の操るキングギドラと戦うんだよ。そしたら、ゴジラは超苦戦するの! でも、キングギドラが未来人のコントロールから脱した隙に……」

……聞くんじゃなかった。

興味のない話を延々と聞かされる。

気弱さんは相手が少しでも不快にならないよう、相手の望むことがなんなのか常に気を張り、場を盛り下げないように最善の注意を払っています。ですから、周りも同じように気を使って生活していると思ってしまうのですが、**実際には感情に気がつかない人、気がつきにくい人もいます。**

最も顕著な例は、人口の1%程度いるとされる、相手の感情を理解するのが苦手なASD（アスペルガー症候群を含む自閉スペクトラム症）の人たちです。

ASDの人たちがどのように感情を理解しているのか、一般にはまだ知られていないようなので、YouTubeで話されていた当事者の話を少し紹介します。

「感情を感じられないけど推理する。こういう状況でこうだから、こうっていう」「眉毛が下がったからあんまり良い状態ではないな。だから、良い状態にもっていくためには、この人に対してはこういうところがあるから、こういうところから攻めていくと……」

ASDの人は、感情を直感的に理解しているのではなく、表情などの情報をもとに、脳内のデータベースと照らし合わせて、相手の感情を判断していることがわかります。感情が直感的に感じられないために、相手の感情を読み間違えたり、感情の変化に気づかず地雷を踏んでしまったりすることが多々あるようです。

実際、ＡＳＤのお子さんを持つお母さんとお話ししたことがあります。毎日深く心を傷つけられながらも、必死にお子さんと向き合っていました。号泣しながら「この子がまた私を傷つけたの」と、帰って来たお父さんに助けを求めることさえあるそうです。

当人は正しいと思ったことをそのまま主張しているだけで、悪気は一切ありません。また、なんでそんなに傷ついているのかまったくわからないため、相手が傷ついていることにただ困惑します。そして、感情が理解できないことの裏返しとして、本音と建て前を区別せず、言葉を文字通りに受け取るという特徴もあります。例えば、皮肉で「頭良いね！」などとバカにされたとき、褒められたと思ってしまったりします。

他にもいくつか特徴がありますが、ここではＡＳＤの主な特徴として、「感情が直感的にわからない」「相手の感情を意図せず傷つけることがある」

「本音と建て前が理解できない」の3つを押さえておきましょう。気弱さんがASDの人たちとコミュニケーションするとき、この点が問題になりやすいからです。

また、ASDと診断されていない人の中にも、普通の生活をしながらASDと同じような個性を持つ「感情を理解しづらい人」はたくさんいます。

気弱さんは、全部自分のせいだと考えてしまうので、相手に苦手なことがあるということを考えないようにしているところがあります。

人間には、いろいろなタイプがいます。このことを頭の片隅に置いておくだけで、全部自分が悪いと思わなくて良くなります。

POINT

感情が理解しづらい人がいることを知ろう。
そしてそんな人に出会ったら、
違いを認め合おう。

具体的な数字で断る

気弱さんあるある

そろそろ帰りたいときに。
「明日、朝仕事なんだよね……」
「そうなんだ、私もだよ。頑張ろ！
それでね、私ね～そしたら～」
あれ……？
もしかして伝わってない？

気弱さんは、自分の考えを言葉にするのが苦手です。コミュニケーションの主な手段は、早く帰りたい雰囲気、つまらなそうな態度、こわばった表情などで、空気に働きかけることです。

しかし、この方法では感情を理解しづらい人には届きません。気弱さんは、建て前ではイエス、本音ではノーというコミュニケーションを取っていますが、こうした人たちにはすべてイエスと伝わってしまいます。

また、気弱さんは、感情を理解しづらい人たちに好かれやすいようにも思います。少しくらい理不尽だったり、失礼だったりしても、相手を優先させて、ニコニコと受け入れているような態度を取ってしまうからです。しかし、気弱さんは、内心では困り果てています。

感情を理解しづらい人は、操作してくる人と違って、悪気があるわけではありませんから、しっかり言葉にできれば、関係がうまくいくようになるはずです。

感情を理解しづらい人とコミュニケーションを取るときに、1つポイントになるのが数字です。

例えば、食事をしていて帰りたいと思ったとき、気弱さんは「そろそろ帰ろう」とは言えません。そこで、腕時計を見たり、そわそわしてみたり、帰りたいシグナルやオーラを出して空気に働きかけますが、そういう信号を相手は拾ってくれません。

ですから、感情を理解しづらい人が相手の場合は、「今すぐ帰りたい」とはっきり言う必要があります。しかし、それができずに苦労しているのが気弱さんです。

ではどうすれば良いのかというと、事前に、できれば会ってすぐぐらいのタイミングで「明日の仕事の準備があるので、22時には出たい」など、具体的な数字を使って帰りたいことを伝えることです。会ってすぐのタイミングが良いのは、空気ができ上がる前なので、言い出しやすいからです。相手が盛り上がってしまうと、なかなか言い出せません。

基本的に、頼みたいことがあるときは、常に数字を使うようにしましょう。「22時には帰りたい」「午前11時までには書類がほしい」「４００字の原稿がほしい」など、すべて数字を使って、コミュニケーションをしてみてください。

もし、数字を出して帰りたいと伝えても、無視して話を続けようとする場合は、操作してくる人の可能性があるので注意が必要です。

操作してくる人とのコミュニケーションは成立しませんので、逃げることを最優先にしなければなりません。

気弱さんにとって、操作してくる人から逃げて、感情を理解しづらい人とコミュニケーションが図れるようになったら、心理的負担は大幅に軽減します。空気を察してくれる人とのコミュニケーションは苦手ではないからです。

まずは、この2つのタイプに注意を向けてみてください。

POINT

感情を理解しづらい人には、空気に訴えても伝わらない。数字を使って話そう。

逃げ場がなければ第三者を頼る

気弱さんあるある

1人、部屋の中でぼんやり。
「パワハラがつらすぎるけど、
会社に相談したのがばれたら、
あの人は激怒するんだろうなあ。
でももう無理。誰か助けて……」
誰かに相談すると
相手が逆上しそうで
誰にも相談できない。

もし、会社の上司や同僚、学校の先生や同級生、親などが、操作してくる人や感情を理解しづらい人だった場合、逃げる場所がありません。この場合は、簡単な解決策がありません。

私自身も、イジメやハラスメントで悩んだことがあります。ですから、逃げ場がないときの気持ちは、本当によくわかります。

私は、学校の先生との関係で心が厳しい状態に追い込まれたことがあります。あるとき、私が課題を十分にこなせなかったので、先生に叱られました。人に叱られるのは、5分でもかなりダメージがあると思うのですが、3時間以上にわたって厳しい叱責を受けることが、断続的にありました。先生は私のことを深く気にかけてくれていて、私のためを思って、あえて厳しい言葉をかけてくれている様子でした。

当時は、自分にも非があるし、先生の思いに応えられない自分を情けなく思っていて、その状況を受け入れていました。それに、少しくらいつらくても、だんだん慣れてきて、できることが増えていくのがいつものパターンでした。ここは自分が成長するために我慢が大切だ、そう思っていました。

ところが、意外な反応が身体に表れ始めました。廊下でその先生の顔を見ただけで、身体が勝手に反応して、走って逃げ出してしまうようになったのです。私は、コミュニケーションに自信があり、目上の人ともうまくやっていけると思っていましたから、このような拒絶反応で身体が先に逃げ出すことにものすごく戸惑ったことを覚えています。

今思えば、「あなたのため」を思った説教で、3時間はどう考えてもやりすぎです。しかも、事あるごとに叱責するのは、ハラスメントと呼ぶ他ありません。先生は、私のことを支配するつもりはなく、将来を純粋に考えて、指導してくれていたように感じます。しかし、「感情を理解しづらい人」であった可能性がとても高いです。

常識的に考えて、説教を繰り返したからといって、個人の能力が伸びるわけではありません。私のためを思っていたことは本当かもしれませんが、私の個性というより、そもそもの人間の特性に寄り添った指導ではありませんでした。やはり、精神的な暴力だったのだと思います。

私のようにコミュニケーションに自信があっても、こうして逃げ出してしまうのですから、自信がなければ攻撃を避けようもありません。このように上司と部下のような、上下の力関係のある相手に粘着されると、コミュ力があってもなくても、何もできないのです。

よく「そんなに悩んでいるなら言ってくれたら良かったのに」と言われることがあると思いますが、それができない関係だから苦労しているのです。目上の人に「あなたの説教の仕方が間違っています。５分以内にしてください」などと言うことができるでしょうか。相手をより怒らせるだけです。

もし私が、当時の私にアドバイスできることがあるとすれば、**まずは第三者に仲裁してもらえないか相談する**よう促すと思います。

しかし、第三者に助けを求めたとき、相手は激怒するか深く困惑することでしょう。

相手が激怒する場合、その理由はジャイアンが「のび太のくせに！」と怒るのとよく似ています。自分より下の人間だと思い込んでいた相手が牙を剥くことになるので、「オレの下でいろ、大人しく従え」となります。

困惑する場合は、「あなたのためを思ってこんなに頑張ったのに、伝わらなかったんだ、残念」という感情を持たれることになります。ですが、1対1の直接の関係では何もできないのですから、仕方ありません。

また、第三者が入ったことで、何らかの暴力が明るみに出ることになり、相手は面子を潰された格好になります。自業自得ではあるのですが、相手にしてみれば、許しがたいことです。反撃の恐れがあるので、できる限り組織や法律などによって、自分の身の安全を確保したうえでなければ、第三者に仲裁に入ってもらうことも難しいと感じるかもしれません。

しかし、それでも今よりはマシな関係にできる可能性があるのであれば、行動したほうが良いと思います。そのままでは、長く心がもたないかもしれないからです。最近では、公的な機関だけでなく、NPOなど民間のサポートが受けられるようになってきました。**自分の限界を超えそうな場合は、さまざまな制度の利用を検討してみてください。**

もし、相談して状況が悪化した場合には、物理的に逃げることを考えなければなりません。転職、転校・休学、引っ越しなど、一度距離を置いて、関係を再構築することになります。

人生は、思っている以上に長いのです。少しくらいの回り道は、なんてことありません。**相手から離れようとすると「ひどい人生になるぞ」と脅されるかもしれませんが、そんなことはありません。**

そのままでいて、人生を無駄にしたり、命を落としてしまったりしては、本末転倒です。まずは自分を守るためにも、距離を取るようにしてほしいと思います。

POINT

職場や学校、家庭内など、逃げられない場合は、第三者を頼ろう。それでもダメなら、その場から逃げて物理的な距離を取ろう。

なるべく対面を避けて話す

気弱さんあるある

「お客様にはこちらがオススメです！」

「うーん、そうですね……うーん」

「間違いなくこれが一番お得です！どうしますか？」

「じゃあ……それで……」

すぐに相手のペースに飲まれる。

どうですか！？
いいですよね！？
あ…
じゃあ それで…
安眠マクラ
今ならお得!!

気弱さんは、対面でもオンラインでも、常に空気を読み続けてしまいます。それでもまだ、オンラインのほうが主張しやすく、何よりも安全です。

一般的には、対面が一番誤解も少なく、次に電話、メッセージとどんどんコミュニケーションが難しくなると考えられています。対面で話せば、相手の顔色や体温、息遣いまでよくわかるので、安心して話せるからです。

しかし気弱さんの場合、この順番が逆になります。**メッセージ、電話、対面の順番で同調圧力が上がるので、この順番で苦しくなっていきます。**

ですから、コミュニケーションの中心を対面と考えるのではなく、メッセージを中心に考えるようにしたほうが、精神的に楽になります。

メッセージであれば距離があるので、最悪の事態にはなりにくいはずです。特に、初対面の人と会うときには、慎重になったほうが良いでしょう。

例えば、営業の押し売りは対面が基本です。対面のほうが断られにくいからです。そのため、本当はほしくないグッズや、高額な美容サロンの契約など、身の丈に合わない高い買い物をたくさんさせられたりしかねません。ですから、そういう相手には、できるだけ会わずに済ませることです。

それでも会ってお願いをされてしまったときは、とにかく即決しないことが大切です。

「今、この瞬間に決めていただければ」などの提案が世の中には多くありますが、そのような提案はすべて断ってください。何かに誘われたら、「すみません、考えを整理するのが苦手なので、全部持ち帰ってから決めることにしているんです」と、言うだけです。この言葉をそのまま話してください。

お得なタイミングを逃して損をした気になるかもしれませんが、自分にはお得な選択をする決断力はないと割り切って、すべて断りましょう。

大胆な決断で人生を切り開いていく人、お得な買い物をどんどんする人がいますが、気弱さんには気弱さんのペースがあります。

また、知り合いから会いたくないのに誘われることがあります。私なんかが断っていいのか、嫌われたらどうしよう、と思うかもしれませんが、そういうときは「今月は予定が厳しいです。ごめんなさい」と、メッセージを打つだけで大丈夫です。これでほとんどの場合は、安全に断れるはずです。

「その日は忙しい」としないのは、「じゃあ、別の日は?」となって、断るのが大変だからです。今月や来月までなど、期間を長めに取って断れば、少なくとも連絡は来月まで来ませんし、ほとんどの人は誘うのは失礼かもしれないと思って、連絡そのものがなくなるはずです。

もしまた連絡が来ても「ごめんなさい、まだ都合つかないです。また、少し先……」と言えば、自然と断れます。**相手が日付を決めたがったら、「その辺まだ予定がわからないんで」と、とにかく先延ばしにしましょう。**

「もし怒って縁を切られたらどうしよう」と思うかもしれませんが、この程度で怒ってしまうのであれば、その人があなたを大切に思っていない証拠です。本当は気弱さんのほうがブロックしたい相手ですから、良かったと思ってください。関係が切れてしばらくすれば、心は落ち着いてくるはずです。

POINT

空気に飲まれそうになったら持ち帰って、メッセージで返事をする。予定を断るには長めに期間を取ると断りやすい。

正解ではなく、思いを大切にする人に

気弱さんあるある

「これでよし！」メッセージ送信！
でも、なかなか返信が来ない。
「あれ……あの表現で
良かったかな？
無神経だったかな？
大丈夫かな……」
メッセージを送った後に、相手の
反応が不安すぎて眠れなくなる。

気弱さんの多くは、人前で話すときに強く緊張するあがり症ですが、**緊張の主な原因は、原稿を間違ってはいけないというプレッシャーです。**本当は、原稿を少しくらい間違えても問題ないですし、原稿通りに喋らなくても、誰にも怒られることはありません。しかし、この「間違ってはいけない」という考え方から逃れられないのです。

「間違ってはいけない」を反転させると、世の中には正解があるという考え方になります。このように正解があると考えることを主知主義といいますが、少し馴染みにくい言葉なので、本書では「正解を大切にする人」と呼びたいと思います。

正解を大切にする人は、正解がわかると安心するのですが、正解がわからないと不安でいっぱいになって、正解を延々と探し続けてしまいます。

例えば、マナーは正解を大切にする人の文化です。フレンチレストランでは、複数置かれたスプーンやフォークを外側から使っていくことになっています。この正解を知っていれば、安心して食事を取ることができます。

しかしこうしたマナーやしきたりは、時代とともに大きく変化します。

例えば、ビジネスにおける服装です。少し前は、スーツ以外で相手の会社を訪問することは無礼とされていましたが、今では少しラフなビジネスカジュアルでも、よほど保守的な企業でなければ問題になることはありません。

他にも、お辞儀の角度、言葉遣い、メッセージの書き方なども、数年でまったく違うスタイルになっています。


正解が正解でなくなっていく社会に私たちは生きています。そんな正解が変わっていく社会で、周りと同じ行動を取り続けるのはとても難しいことです。正解を大切にする人にとっては受難の時代といえるかもしれません。

また、相手の気分のことを空気と呼びますが、空気に水を差さないこと、相手の気分を害さないことを正解としてしまうのもとても危険です。何をすると相手が不快な気持ちになるのか、簡単にはわからないからです。

以前、こんなスピーチを書いたことがあります。長年連れ添った夫婦のエピソードです。

「私はね、妻が喜ぶと思って、妻の大好きなイチゴのショートケーキを買って帰ったんです。ところが、妻がなぜか喜んでくれないんです。『どうしたの、大好きなイチゴのショートケーキだよ?』と聞いたら、『なんで買ってきたのよ。私、昨日からダイエットを始めたの』こう言うんです。そんなのわかるわけがないじゃないですか」

長年連れ添った夫婦であっても、相手の気持ちはわからないのです。私たちにできるのは、相手が喜んでくれるであろうことを想像して振舞うことだけで、それで相手が喜んでくれるかどうかは、やってみるまでわかりません。

ですから、相手が正解を握っている場合、考えられる選択肢は無数に増えてしまいます。無限に相手のことをあれこれ考えなくてはならないし、結局どんなに考えても正解はわからないのです。

そこで、**正解を考え続けるのではなく、ここまでやったのだから後は相手が決めることと、割り切ってしまうことが大切です。**これを精神科医で心理学者のアルフレッド・アドラーは「課題の分離」と呼びました。

私は、ここまで努力できるけど、自分には努力できないこと、考えても仕方がないことは気にしないという態度のことです。

この夫婦のエピソードでは「妻を喜ばせるためにケーキを買って帰る」は自分の努力ですが、喜ぶかどうかは相手次第です。

喜んでもらえれば嬉しいですが、仮に努力が実を結ばなくても、そんなこともあるよねと受け止めるのです。そして、結果がどうであれ、妻に喜んでもらえるよう、変わらず努力は続けるということになります。

よく「結果か経過か」という話で、社会人は結果を重視すべきだといわれます。数字に責任を持つことが良しとされているからです。

しかし、気弱さんに限っていえば、**「結果より経過を大切にする」習慣を身につける必要があります。**

正解にこだわらず、自分の思いを大切にする態度です。このような態度を「主意主義」といいます。ここでは「思いを大切にする人」と呼びたいと思います。

思いを大切にする人は、こう考えます。

「私はあなたを幸せにできるかどうかはわからない。でも、幸せにしようと努力し続けることはできる」

このように考えられるようになれば、正解にこだわらなくて済むようになって、空気の支配から逃れられるようになります。正解を大切にする人から、思いを大切にする人へ、これが気弱さん克服の大きな方向性です。

POINT

その場の空気や相手の感情に正解はない。結果にこだわらず、努力しようとしたその思いを大切にしよう。

上手な話し方を目指さない

気弱さんあるある

本を開きながら、
「なるほど……。挨拶は笑顔で、
滑舌良く、お腹に力を入れて、
まずは世間話から……」
書いてある注意点が多すぎて、
本番にまったく使えない。

オハヨウゴザイマス
笑顔…
ジェスチャー…
滑舌…
えっと
えっと
話し方レッスン

話し方の手本の話をするとき、アナウンサーがよく例に挙がります。聞き取りやすい発音、よく通る声、誠実な印象など、ビジネスで好まれるイメージの多くが、アナウンサーと共通しているからでしょうか。

歴史的には、1950年代に集団就職などで地方から上京してきた人たちに、共通のマナーや話し方が必要になりました。方言が強く、コミュニケーションが難しかったのだろうと思われます。そのとき話し方教室を開いて、共通語を伝えたのがアナウンサーたちでした。そのため、アナウンサーが今でも話し方の手本と考えられているのかもしれません。

アナウンサーは、音声で情報を伝えることに関してとてもレベルが高く、厳しい訓練を経て、あの話し方を習得しています。決して、生まれ持った才能で、あの話し方ができているわけではありません。

アナウンサーは素晴らしい職業で、話し方の手本であることは間違いありませんが、**気弱さんには、アナウンサー的な話し方を目指すのは、あまりオススメできません。**

気弱さんは、正解を探すことに身体が慣れすぎていて、正解に頼りたくなる癖が身体に染み込んでいます。そんな気弱さんが、ものすごい数の「テクニックという正解」のうえに成り立つアナウンサーの話し方を学んでしまうと、自分がその通りに話せていないというプレッシャーから、さらに自分に対して自信が持てなくなってしまいます。

実際、話し方に正解があるわけではありません。プレゼンテーションにしても、ゆっくり間を取って話すアップルの元CEOのスティーブ・ジョブズのような話し方もあれば、中田敦彦さんのように、言葉をリズムよく畳み掛けるように話すスタイルもあります。

「ギョギョギョ」でお馴染みの、魚類学者でタレントのさかなクンは、甲高い声で早口で話します。一般的には、低い声でゆっくり話すことが良いとされる中で、まったく逆をやっているのに知性を感じますし、親しみもあります。女性でいえば、モデルのローラさんや滝沢カレンさん、YouTuber 芸人のフワちゃんも素晴らしい話し方をされています。

みんなそれぞれに個性的な話し方です。

そしてそれぞれに、この話し方で伝わるのかと自問自答しながら、自分が思っていることを、勇気を持って話しているように見えます。ここでも、思いを大切にする人であることが重要です。正解を探すのではなく、どうすれば伝わるかを考え続ける姿勢を崩さないことです。

話し方に正解があるわけではありません。まずは、正解がないと理解して、肩の力を抜きましょう。自分が間違っているのではないかと思うと、自信が持てなくなって、声が小さくなります。発声練習で大きな声が出るようになったとしても、結局自信がなければ声は出ません。

正解がないという正解を、身体で覚えていくことが大切です。そうすれば次第に緊張が解けて、自然と声が出るようになります。

POINT

話し方に正解はない。自分の言葉で伝えようとすれば、必ず伝わる。

自信はあるフリで良い

気弱さんあるある

明日は会社のプレゼン会議。
「これがベストかな?
でも、こっちのほうが良いかな?
いやいや、まてよ?
まだ他に可能性が……?」
自分のアイデアに、
いつまでも自信が持てない。

気弱さんは、正解がわからなかったり、そもそも正解がない問題に直面したりしたときに、自信をなくしてしまいがちです。

一方で、同じ課題でも、自信たっぷりな話し方で提案をする人がいます。「私はあんな風には自信が持てないし、話せない」と思ってしまうかもしれませんが、そんなことはありません。気弱さんでも、同じように自信が持てるし、自信のある話し方を身につけることができます。

というよりも、**自信を持って話しているように見えるその人が、本当に自信があるかどうかはわかりません**。

私は、一般的には成功者と呼ばれるような日本のリーダーたちのスピーチを書いています。そんな人たちと接する中でわかることは、どんなに外からは立派に見える人であっても、日々悩み、苦悩し、これで本当にいいのか、こんなことを話して大丈夫かと、不安でいっぱいの中でスピーチをしているということです。

自信に溢れて見えるリーダーたちでさえ、実は自信を持って話せていないのです。

もし、「あの人」が自信に溢れているように見えたとしたら、それは本当に自信があるのではなく、自信があるように見せているだけです。どんなリーダーでも、本当に自信のある人はいません。

自信が持てないのは、正解のない提案をしようとしているからです。

仕事には、ルーティンワークとクリエイティブワークの2つがあります。例えばスーパーのレジ打ちという仕事はマニュアル化されていて、ルーティンがはっきり決まっています。

一方で、昨日と同じことをするのではなく、正解のないこと、新しいことに挑戦し続ける仕事があります。クリエイティブワークです。一般的にデザインなどの仕事を指しますが、ここでは単に創造的な仕事という意味です。

例えば、「お客様に喜んでもらうこと」を目的にします。すると、スーパーではクリスマスイベントや、年に一度の赤字覚悟の大安売りを企画したりしますが、こういう仕事はルーティンではありません。その目的を達するための方法が無数にあって、しかも最終的なゴールもないからです。「お客様に喜んでもらうこと」に正解はありません。

人に何かを提案するというのは、基本的にはクリエイティブワークです。そして、クリエイティブワークには答えがないので、常に不安です。

ですから、実は「あの人」も、本当の意味で自信があるわけではないのです。みんな、不安になりながら、仮説を立てて、一生懸命その道を信じて走っているだけです。だから、**完璧なアイデアが出せないと、悲観的になる必要はまったくありませんし、自信をなくす必要もありません。**

自信がないのはみんな同じです。だからこそ、自信があるように振舞うしかないのです。自信のなさが、外から透けて見えると、相手は心配になってそのアイデアの欠点に注意が向いてしまうからです。自信があるように見える話し方を心がけましょう。

POINT

どんなに立派なリーダーも、絶対の自信は持っていない。たとえ自信がなくても、自信があるように見える話し方を目指そう。

モノマネのススメ

ここでは、自信があるように見える話し方を、最短で習得する方法を紹介します。本当は、発声練習などからやると長期的に大きな成果に結びつくのですが、そのような基礎練習は他書に譲ります。ここでは、最短で上達する裏技をお伝えします。

その裏技とは、YouTubeなどで、スピーチや漫才を観て、良い話し方だと思うものをまねるという方法です。その人の発声、話し方、呼吸や間をまねると、自信があるように見せる方法がわかってきます。もちろん、モノマネ芸を披露するわけではありませんから、そっくりになるところまで練習する必要はありません。

まねるポイントは、3つだけで十分です。まねができたら、それを撮影してまねられているか確認してみてください。

◎モノマネポイント１　声とリズム

声のまねをしてみます。「高い声か、低い声か」「優しい声か、強い声か」「澄んだ声か、ハスキーな声か」「ゆっくり話すのか、早く話すのか」など、声の特徴をまねするようにしてみてください。

◎モノマネポイント２　間

間も、話し手の個性がよく出るポイントです。自信があるリーダーは、間をたっぷり取ってプレゼンテーションをしています。プレゼンテーションの名人として知られるスティーブ・ジョブズの間をまねると、数秒にわたる長い間を使いこなしていて、あまりのゆっくりさに驚くと思います。また、現代漫才を聞くと、その間の短さにも驚くと思います。ゆったりした間、テンポの良い間、それぞれ練習してみましょう。

◎モノマネポイント3　身振り手振り

最後に、身振り手振りです。スピーチやプレゼンテーションなどで手の使い方がわからないという相談をよく受けます。これもモノマネですぐに覚えることができます。

手は、基本的にはリズムを取ったり、モノやイメージを指し示すために使います。手を使えるようになるだけでも、自信があるように見えます。

さらに名スピーカーは、足の指先にまで神経を使って、身体全身を使って話しています。

エネルギッシュな話し方、リラックスした話し方、いろいろな話し方があります。手がある程度まねられるようになったら、身体全身の使い方もまねるようにしてみてください。

声とリズム、間、身振り手振り、この3つをまねるだけで、自信のある話し方を、身体で理解できるはずです。

最初は、撮影するとびっくりするくらい似ていなくて驚くかもしれません。しかし、大げさに表現すること、大きな声でまねることを繰り返せば、だんだんと似せられるようになります。

モノマネは、表現力の幅を広げるためのトレーニングですから、トレーニングが終われば、普段通り生活してください。特別、モノマネから学んだ要素を普段の話し方に取り入れようとする必要はありません。

しかし、身体が勝手に覚えてしまいますから、自然と話し方が変わっていくでしょう。繰り返し練習してみてください。

第3章

空気に負けず「伝わる」5つのステップ

気弱でも簡単にできる提案の方法

気弱さんは、対面が苦手なのでできるだけ避けたいのですが、すべての機会を避け続けるというのは、現実的ではありません。

そこでこの章では、対面でも相手に圧倒されずにコミュニケーションを進めるための方法について、紹介したいと思います。

気弱さんがコミュニケーションで困る主な場面は2つです。「提案を断ること」と「提案すること」です。

「提案を断ること」は、守りのコミュニケーションとして第2章で紹介しました。これで基本的には断れるようになるはずです。

問題は、「提案すること」です。意外に思われるかもしれませんが、**気弱さんのままでも、準備をちゃんとしさえすれば、しっかりと提案ができるようになります。**

気弱さんの中には、セミナー講師や学校の先生として活躍している人もいます。提案する側、教える側に回ってしまえば、意外にも同調圧力から解放されるのです。

しかし、いざ提案しようとするとさまざまな問題に直面します。話の進め方がわからなくなったり、目上の人に話している最中に頭が真っ白になったり、最後にお願いしようとすると申し訳なくなってしまったりします。

そこで、提案するうえで直面する問題を1つずつ見ていきながら、気弱さんでもできる失敗しない提案の方法について紹介したいと思います。

頭が真っ白になっても前に進める5つのステップ

気弱さんは、自分が話しているときに、相手が腕組みをしたり、不満そうな顔をしたりすると、その態度が気になって話に集中できなくなることがあります。また、批判されたり、反論されたりするとパニックに陥ってしまうこともよくあります。

取り返そうとあれこれ話してみても相手の態度が変わらないとき、どうしていいかわからなくなって、最終的には頭が真っ白になって何も言えなくなります。このとき、視線は答えを求めて宙を漂い、手足が震え出し、声が上ずります。

どうして、ここまで追い込まれるのでしょうか。

私たち人間は、評判をものすごく気にする生き物です。どれくらい気にするかといえば、評判が傷つくくらいなら死んだほうがマシだと考える人がいるくらい評判を気にします。例えば、SNSの誹謗中傷を苦に自殺する人が後を絶ちませんが、それくらい評判が傷つくことは耐えがたいことなのです。

提案するということは、自分の能力を相手に伝えることを意味します。提案の内容が悪いと「あいつ、中身何にもないな」と思われてしまうリスクが発生します。重要な会議で話したいことも話せず、だんだん追い詰められていくあの感じは、傷つきそうになっている評判をなんとか取り返そうとしているのにうまくいかないという状況です。

疑いの目を向けられたことで、提案を受け入れてもらうというゴールに向かって前に進むことができず、コースアウトしてしまっている状況ともいえます。

この苦しい状況を修復して、心の安寧を取り戻す方法はあるのでしょうか。

1つは、きっぱり諦めてしまうことです。相手が満足するような話ができないのであれば、次のチャンスに頑張れば良いだけです。無理に取り戻す必要はありません。やるだけやってダメだったのなら天命を待つ。決めるのは相手ですから、無理に粘っても仕方ありません。こうして目の前のコミュニケーションに固執しなければ、強力な圧力がかかることはなくなります。

とはいえ、「恋に破れても、次に行けばいい」というような話で、フラれるショックはやはりあります。できれば、なんとかプレッシャーをかいくぐって、コミュニケーションを継続する方法を知りたいはずです。しかも、気弱さんでも失敗しない、誰にでもできる簡単な方法を、です。

そんな都合のいいコミュニケーション術が、実はあります。その方法は、いたってシンプルで、提案を受け入れてもらうというゴールまでのステップを5つに分けて、その通りに提案していくだけです。

パニックになるのは、道順がわからなくなるからです。道順がわかるように、目印をつけておけば、簡単にコースに復帰して、ゴールを目指すことができます。

ステップは全部でたった5つですから、この章を1回読めば頭に入ってしまうくらい簡単です。では、順番に見ていきましょう。

ステップ①
共感する
ステップ②
期待される
ステップ③
提案する
ステップ④
お願いする
信頼貯金
ステップ⑤
GOAL!

ステップ1

共感する

質問からの共感で好感度アップ

1つ目のステップは「共感する」です。「共感する」「共感した」とはよく言いますが、どんなときに使う言葉でしょうか。

例えば、休日に友人とカフェで話していて、「この前、この裏の通りのレストランで初めてご飯食べたんだけど、すごくおいしくて!」「そこ知ってる! すごくおいしいよね!」こんな会話をしたことはないでしょうか。

この「お互いにそう思う」という感覚が共感です。

共感には、浅い共感と、深い共感があります。浅い共感には、「今日は寒いですね」のような天気の話など、誰でも感じることについての共感です。深い共感は「このアーティストの、この部分の良さがわかるなんて最高!」のように、わかる人が限定されていることについての共感です。

基本的には、深く共感できる人がいると、とても嬉しくなって親しくなります。逆に、共感できないことが多いと、親しくなれません。

私たちは、親しい人からオススメされると説得力を感じ、逆に親しくない人からオススメされると疑ってしまいます。

例えば映画の話をするとき。あなたは、恋愛映画が好きです。そんなあなたに、何か趣味が合わないなあと感じている男性から、最高におもしろい映画として『スーパーロボット大戦』をすすめられたとします。きっとあなたは、その場では「へえ、おもしろそう！」と共感したフリをしながら、その映画を観ないことでしょう。

一方で、あなたと趣味の合う人がいます。以前Netflixのオリジナルドラマの話で盛り上がり意気投合しました。その人が、「恋愛映画としても、結構観れるんだよね。最高だよ『スーパーロボット大戦』。騙されたと思って観てみて」とオススメされたらどうでしょうか。あの人が言うんだったら、と観てみたくなりませんか？

本当に恋愛ものとして楽しめるかどうかはさておき、親しい人、趣味の合う人の言葉は、そうでない人の言葉の何倍も説得力があることがよくわかると思います。

そのため、何か提案するときは、**本題の提案に入る前に、共感できる話をしたり、聞き出したりして、仲良くなっておくことで、その後の提案にスムーズに入っていくことができます。**


では、どうすれば良いかというと、基本は、挨拶と雑談です。

スピーチやプレゼンテーションではアイスブレイクと呼ばれるパートです。緊張感のある凍った空気をリラックスさせるための大切なパートで、上手なスピーカーはアイスブレイクがとても得意です。会話でも基本的には同じで、コミュ力が高いとされる人は、やはりこのアイスブレイクが得意です。

アイスブレイクで効果的な手法の1つは、共通の体験を聞き出すことです。

スピーチと違って、会話では自分の話をするよりも、人の話を聞き出して共通点を探したほうがスムーズです。相手の返事に対して「あ、それ良いですよね！」と回答すれば、共感を得られるからです。

聞く内容は、シチュエーションによってさまざまですが、ここでは初対面の相手を想定して考えます。

聞く方法は、5W1H、つまりWho（誰が）、When（いつ）、Where（どこで）、What（何を）、Why（なぜ）、How（どのように）を、順番に聞くだけです。

例えば、「普段お仕事は何をされているんですか」（What）と聞けば、「こんな仕事をしています」と返ってきます。そうしたら「素晴らしいお仕事ですね。私も学生時代少し勉強したんですよ」など、仕事に関して共通点を探して返事をします。ここで相手から「どんな勉強したの？」などの返事が返ってくれれば、さらに話を広げて共通の話題を掘り下げていきます。

質問は、本当になんでも大丈夫です。「どちらのご出身ですか」（Where）と聞いて「山形です」と返ってきたとします。仮に縁もゆかりもなかったとしても諦めずに「お米のおいしいところですね」と良いイメージと重ねて返します。すると、「そうなんだよ、米がうまいんだよ」と話が展開すれば、少し共感できて仲良くなれます。

他にも「いつ、こちらに来られたのですか」（When）、「そのお仕事に協力してくれた人は誰ですか」（Who）、「なんで、そんなことになったたんですか」（Ｗｈｙ）、「どうやって、そんな難しいことができるようになったんですか」（Ｈｏｗ）など、質問をして、その返事から共通点を見つけて共感します。

この質問・共感の技は、すでによく知っている間柄でももちろん有効です。「最近どうですか？」「あの話どうなりましたか？」など、質問をして、「いいですね」と共感するだけです。質問・共感は基本的なことですがとても強力なので、ぜひ積極的に活用していろいろな人と仲良くなってほしいと思います。

そうして共感することができれば、リラックスして話を始めることができるはずです。

POINT

・相手との共通点を探す5W1Hの質問をする。
・返事に対して共感すると、リラックスして話せる。

ステップ2 期待される

「参考までに」がキーワード

2つ目のステップ「期待される」は、5つのステップの中で最も重要です。なぜかというと、「期待される」という関係を作ることができれば、話が少し下手でも、提案を受け入れてくれる可能性が極めて高くなるからです。

実際にこんなことがありました。ある女性が社会貢献団体を立ち上げて、その活動の支援を求めるプレゼンテーションをしていました。私は話を聞いていたのですが、正直話が論理的ではなく、何を言っているのかよくわかりませんでした。しかし、彼女の情熱と実績から、多くの賛同者が支援の手をあげました。私もその1人でした。

なぜ、支援しようと思ったのかというと、何を言っているのかわからなくても、彼女だったらやり遂げるだろうと信じられたからです。誠実に努力を続けているという事実は、提案がよくわからないことを凌駕します。

もう1つ、ある起業家志望の男性の話を紹介します。投資をしてほしいと資産家にお願いしたのですが、「福岡に住んでいるんだったらママチャリに乗って、今度東京のオフィスにおいで」と、お酒の席で冗談を言われました。すると彼は冗談を冗談で終わらせず、本当に福岡からママチャリで、東京のオフィスに行ったのです。そして、見事に出資金を勝ち取ったのでした。この話も、そこまでするならやり遂げてくれるのではないか、と思えたことが理由だったといいます。

提案はもちろん重要なのですが、それ以前に、期待される関係になることが大切です。期待できるから提案に乗るのです。よく知らない人から、突然訪問販売を受けたら、やっぱり疑うところから入ってしまうはずです。

期待されるためには、行動力が大きなポイントになりますが、もちろん言葉も大切です。一番重要なポイントは、「相手の悩みを理解すること」です。相手が悩みを理解されていると感じると、その悩みについて相談してみたくなります。

仮に、相談相手が、勉強が思うようにはかどらなくて悩んでいるとします。そんなとき、あなたは「勉強ってなかなか思うようにできないよね。私も受験のときすごく苦労したんだ」と、同じ悩みを持っていた過去を話します。すると、「あ、この人は私の苦しさを理解してくれているんだ」と思って、ホッとするはずです。

しかし、ここで注意したいのが、悩みがよくわからないときです。もし、口だけで「わかる、そのつらさ」と言ってしまったらどうなるでしょうか？　逆に「この人全然わかってない」と思われて、心が離れてしまいます。

悩みを理解していることが伝わると、一気に距離が縮まりますが、逆に悩みを理解されていないことが伝わると、心が離れてしまいます。だからこそ、このステップが最も重要なのです。

悩みを理解していることを伝えるためには、その悩みについてまずはよく聞くこと、そしてその言葉を自分の体験に置き換えることです。

先の例では同じ経験をしていましたが、運悪く同じ経験をしていなかったとします。そんなときは、「似たような経験をしたことがあるんだ」と続けましょう。

「私、受験はそんなに頑張ってないからよくわからないんだけど、私も似たような経験をしたことがあるんだ。仕事の営業成績が伸びなくてね……」と、悩みを続けます。

このとき、実際に似たような経験である必要はありません。「似たような経験」と宣言するだけで、共感関係を作ることができます。ちなみに、自分の経験ではなく誰かの経験でも良く、その場合は「よく似た話を聞いたことがあるんだ」と話してもかまいません。

そして、相手がこちらの話に興味を持ってくれたら、「参考までに」と続けます。

「参考までになんだけど、私（その人）がどうやって成績を伸ばしたか話していい？」です。

ここまでで共感関係を作ることができていれば、「いいよ」と必ず返事が来るはずです。そこで、どうやってその悩みを解決したのか、その苦労話をすることで、より深い共感関係を結ぶことができます。

「こんなに私のことをわかってくれる人だったら、悩みを解決してくれるかもしれない」と、悩みを理解していることが伝わって、期待されるようになります。

もし、話を進めながら、相手の悩みがよくわからない、何か噛み合わないと感じたときは、無理に次のステップに話を進める必要はありません。よく話を聞いて、相手の悩みを理解するよう努めましょう。

POINT

・相手の悩みをよく聞いて、自分の体験に置き換えて話す。
・「参考までに」と切り出すと、話しやすい。

ステップ3

提案する

失敗しない3つのステップ

さて、いよいよ「提案する」ステップに入ります。「提案する」というと、なんだかビジネス専用のコミュニケーション術のような印象があるかもしれませんが、仕事以外でも、恋愛、友人へのお願いなど、何にでも使えます。

「提案する」手順は、次の3つです。

①悩みを解決したいか確認する
②解決策を説明して一緒に考える
③証拠を提示する

①悩みを解決したいか確認する

ステップ2で、相手の悩みについて十分に理解できているのであれば、あなたはこう聞くだけです。

「〇〇だけど、〇〇したい？」

例えば、こんな感じです。

「それで良い勉強法を編み出したんだけど、その方法聞きたい？」
「おいしいレストランを見つけたんだけど、行きたい？」
「営業先の要望をまとめたんですが、必要ですか？」

このように「〇〇だけど、〇〇したい？」と切り出せば、気弱さんでも自然と提案ができます。「行こうよ」など、自分から誘う形だと、ハードルが高いかもしれませんが、「したい？」と要望を聞く形で提案することで、お願いという形を避けることができ、ストレスを低減することができます。

ここで、相手が「それってどうするの？」など興味を持ってくれれば、そのまま具体的な説明に移ります。求めに応じて話し始めるので、とても話しやすいはずです。

もし、興味を持ってくれなければ、相手がその悩みを本気で解決したいとは思っていないか、あなたを信用していないかのどちらかです。

相手が、その悩みを本気で解決したくない場合、営業テクニックでは、悩みを解決せずにそのままにしておくと厳しい未来に直面することを伝えて、問題に真剣に取り組むように促します。相手を脅して危機感を煽るのです。

しかし、気弱さんの場合は相手を脅すようなコミュニケーションを取ることが難しいので、そんな無理をする必要はないと思います。

もう1つのあなたを信用していない場合ですが、まだ十分に期待されていないわけですから、もう一度前のステップに戻って、「共感する」と「期待される」で、コミュニケーションを取り直します。

そして、十分に期待される関係を構築し直したうえで、ステップ3に戻ってきて「〇〇だけど、〇〇したい？」と、意思の確認をおこないます。

②解決策を説明して一緒に考える

「提案する」2つ目のパートでは、悩みをどのように解決するのかを説明します。

提案内容があまりにもわかりにくいと断られてしまう可能性もありますが、基本的にはここまでで十分に興味を持ってくれているはずなので、淡々と事実を説明するだけで大丈夫です。説明がつたなくてわからないことがあれば、相手から質問が出るはずです。

さらにいえば、提案に弱点があって批判されたとしても、共感関係ができているのであれば、落ち込む必要はありません。

一般的な提案は、提案する人と提案される人の立場がはっきりしています。「サービス提供者と顧客」という関係です。

このような関係で提案すると、批判はそのままクレームであり、攻撃です。ですから、提案を拒絶されるととてもつらい気持ちにもなります。

しかし、ここまで書いてきたように、共感を土台にコミュニケーションを図ってきていれば、あなたと相手との間にはすでに良好な関係ができ上がっていて、悩みを一緒に解決しようとする仲間意識が生まれているはずです。**悩みに寄り添ってくれるあなたは、サービス提供者ではなく、一緒に解決方法を考えてくれる友人のような存在です。**そんな関係ですから、提案に不備があっても大丈夫です。

「これ、おかしいんじゃない?」と批判されたら、「なるほど、そうかもしれないですね」と相手の批判に共感したうえで、「じゃあ、こんなのはどうですか?」と、問題点を修正したアイデアを話します。

それで満足してもらえればそれで良いですし、満足してもらえなかったとしても、同じように「なるほど、そうかもしれないですね。じゃあ……」を繰り返します。

仮に、良いアイデアがその場で思いつかなくても大丈夫です。コミュニケーションは、その場で完結するものではありません。

「じゃあ、その問題を考えてきますね」と持ち帰るだけです。そして、より良い提案をすることを繰り返せば、ほとんどの場合は「じゃあやってみよう」となるはずです。

これが、「サービス提供者と顧客」の関係だと、こうはなりません。「気に入らない、こうしろ」という顧客の命令に忠実に従うだけの、ロボットのような存在になってしまいます。

いかに、提案までに深い共感関係を作ることが大切かをわかってもらえたと思います。提案する相手とは対立するのではなく、悩みを一緒に解決しようとする仲間になることが大切です。

③証拠を提示する

このパートは、相手の不安を取り除くためにおこないます。理屈はわかっても、不安は残るものです。

これは、薬局で売っている薬をどうやって買うかを考えればわかりやすいでしょう。

私たちは、薬を買うときになぜ効くのか、その説明をいちいち読み込んでから買ったりはしません。説明を聞くのではなく、悪い評判がないか、安心して買える薬局で売られているかなど、イメージを手がかりに購入しています。**説明はもちろん大切なのですが、説明は人を動かすための全体の要因の1つに過ぎない**のです。

ですから、みんながどう思っているのか、どんな結果になったのか、などを話して、「あなたがそのように行動しても後悔しませんよ」というメッセージを伝える必要があります。そこで、こう言ってください。

「その証拠なんだけど」

この言葉に続けて、具体的な証拠を示していきます。証拠には、実績、数字、お客様の声などがあります。

例えば、「そのお店本当においしいんだって。その証拠なんだけど、この前連れて行ったお客さんがさ、すごく喜んでくれて」（お客様の声）や、「その営業ツール使ったら、マジで楽になったんですよ。その証拠なんですが、アポイントの件数が1日2本から4本になったんですよ」（実績と数字）などのように使います。

細かな説明が不十分だったとしても、「その証拠なんだけど」と具体的に話すだけで、試してみたくなる人も多いはずです。

POINT

- 「〇〇だけど、〇〇したい？」で意思確認。
- 対等な関係で、一緒に解決法を考える。
- 「その証拠なんだけど」で相手の不安を解消。

ステップ4

お願いする

「どうしますか？」と聞くだけ

さて、いよいよ決断を迫ってお願いするクロージングについてです。気弱さんは、やはりこの瞬間がすごく苦手です。条件を出して嫌われるかもしれないと思ってしまうからです。

しかし、これもそれほど問題ではありません。ここまでのステップをちゃんと踏めていれば、相手はこの後どうすればいいか気になって、待っているような状態になっています。

「どうしたらいいですか」「それでいくらなんですか」などの質問が相手から自然と出てくるかもしれません。そうなれば、その質問に答えて、後は回答を待つだけです。

相手から、この後どうすればいいか質問が出なければ、こちらから行動を促します。そのときは、こう言ってください。

「どうしますか?」

たったこれだけで、行動を促すことができます。仕事の場合は、「そんなに評判が良いんですね」「そうなんですよ、どうされますか?」「そうしたら、検討しようかな、いくらなの?」と、なります。

食事に誘う場合は、「そんなに良い場所なんだ」「そうなんだよ。どうする?」「ええ、じゃあ行こうかな」となります。

「買っていただけませんか」などとクロージングすることに比べて、「どうしますか?」と聞くだけですから、とても簡単です。

「どうしますか?」と聞いて、いろいろ条件が合わなくて、交渉が始まることもあります。「奢ってくれるならいいよ」や、「もっと安くならないの?」など、無理なお願いをされるかもしれません。

そんなとき、ちょっとでも嫌だなと思ったら、その場で判断することは避けて、持ち帰ってメールやメッセージで返事をするようにしましょう。そうしないと、気弱さんの場合は、圧力に負けて押し切られてしまうことも多いからです。

持ち帰ってから、メールやメッセージで「すみません、検討したんですが難しいです。理由は……」と、しっかり断りましょう。これまでのコミュニケーションが無駄になると思ってしまうかもしれませんが、共感関係がしっかり作れていれば、ちゃんとした条件で合意してくれるはずです。

仮に、合意に至らなかった場合でも、次回会ったときにステップ1の共感するからやり直せば大丈夫です。悩みに共感できて、その悩みを解決する手段があるのであれば、いずれ合意に至るはずです。

もし、それでもダメだった場合や断られた場合は、素直に諦めましょう。そういう相手を追いかけることが得意な人はいますが、気弱さんは無理をする必要はないと思います。

POINT

- 「どうしますか？」と聞くだけでクロージングになる。
- 無理な条件は一旦持ち帰って返事をする。

ステップ5

信頼貯金

セルフブランディングをする

さて、ここまで、気弱さんでも失敗せずに提案するステップを4つまで説明してきました。

「共感する」↓「期待される」↓「提案する」↓「お願いする」

この流れをもっと噛み砕けば、仲良くなって、悩みに寄り添って、説明して、判断してもらう、これだけです。

このやり方であれば、気弱さんであっても、あまりストレスを感じることなく自然に話せるはずです。どこかでつまずいたとしても、ステップ1の共感するで親しくなるところに戻って、悩みに対する理解を深めれば、自然と事態は打開できるはずです。

大切なことは、自分の力で説得しようとしないことです。順番通りにステップを踏めれば、自然に話が前に進んでいくはずです。

しかし、話はここで終わりません。

提案をしたあなたは、その提案をしっかりと実行して約束を果たさなければなりません。無事に約束を果たすことができれば、あなたは相手から、さらに深い共感を得て、信頼されることになります。

私は、信頼が深まることを「信頼貯金」と呼んでいます。**信頼貯金が貯まっていると、他の提案になっても、繰り返し受けてもらえます。**そしてさらに約束を実行し続けることで、信頼貯金が貯まり続けます。

信頼貯金を、ビジネスの世界では、ブランディングといいます。例えば、マクドナルドは、「マクドナルドに行けば、安くておいしいハンバーガーが食べられて、友達と楽しい時間を過ごすことができる」という信頼があります。

決して、高級なステーキが出てくるイメージはありません。マクドナルド

は、そういう場所ということが周囲に伝わっているのです。

気弱さんにも、周囲に対して自分をブランド化するセルフブランディングをおこなって、信頼貯金を貯めていくことをオススメします。信頼貯金が貯まれば、「あいつに任せていれば大丈夫」という環境になって、ゼロからコミュニケーションを図る必要がなくなるからです。**「よくわからないけど、あいつだったら大丈夫だ」という状態が理想です。**その状態を目指して提案をしたら、誠実に約束を果たしていきましょう。

しかし、気弱さんのままではセルフブランディングを達成することはなかなか難しいかもしれません。

「自分なんかが主役になるなんてとんでもない」という気弱さが、セルフブランディングを進めるうえで足かせになることがあるからです。

そこで第5章では、気弱さんを克服するためのメソッドを紹介したいと思います。

POINT

・提案したことはしっかり実行に移す。
・提案と実行を繰り返して信頼貯金を貯める。

第4章

気弱さん克服体験談

気弱さんを克服した人に聞く

この章では、繊細な気弱さん（自分に自信がないために生きづらさを抱えていて、しかもHSPの気質を持ち合わせているために、環境に過剰に反応してしまう人）だった湊朱音さんに、どんな状態だったのか、そしてどうやって克服して、今はどうなったのかについて話してもらいました。

湊朱音

繊細な気弱さんを克服した経験から『HSP気弱さん当事者の克服ブログ＋蛙化も！』を運営。月間1万ユーザー以上のアクセスがあり、連日気弱さん克服について多数の相談を受けている。1995年生まれ、東京都出身。

蔭山洋介

気弱さんはどんなことに困るのか

湊　湊朱音です。ＨＳＰ・気弱さん当事者の克服ブログの運営やデジタルマーケティングをやっています。

蔭山　よろしくお願いします。今回は繊細な気弱さんの当事者として、話を聞きたいと思います。早速ですが、気弱さんって、何が大変なんですか？

湊　自分の人生を生きていない感じというか、他人のために生きているというか……。ちょっと想像してほしいんですが、自分の食べたいと思っていないものを食べ、飲みたいと思っていないものを飲む、好みじゃない服を着て、興味のない場所へ行く、という人生を送っていて、その日々がすごくストレスになっているんです。

蔭山　それはつらいね。僕はこれまでどちらかというと、好きなことだけをやって生きてきちゃったところがあるから、想像するだけで震えるね。でも、どうして食べたくないものを食べなきゃいけないんですか？

湊　常に他人を突然怒らせてしまうかもしれない、不快にさせるかもしれない、イライラさせてしまうかもしれないと感じていて、そのリスクが少しでもあると、自分を主張することができないんです。だから、パスタが食べたいと思っていても、友達に「ケーキをランチの代わりにしよう」と言われると、本当はご飯をちゃんと食べたくても「いいね」と返事をしてケーキを食べに行っちゃう。でも、ケーキって、パスタの代わりにはならないですよね……。

蔭山　そんなことで嫌われないと思うのですが……。「いや、ケーキはランチじゃないよ、パスタにしようよ」って気軽に言えるのが友達では？

湊　嫌われないかもしれないけれど、こいつちょっと面倒だなぁとか、自己中、図々しい、わがままなやつとか、そういう感情を持たれるのが嫌だと思ってしまうんですよね。

蔭山　持たないと思うんだけどなぁ……。

湊　でも、ちょっとでも持たれる可能性はあるじゃないですか？　たぶん自分が大したことない人間だと思っていることがとっても大きいと思います。自分に極端に自信がないから、こんな自分が相手を不快にさせたり、友達を大切にしないなんてことがあったら、自分の人生は成り立たなくなるって思ってしまう。だから、自分なんかの好みや意見なんて言っていい身分だとは思えないんです。

蔭山　意見に自信がないんじゃなくて、自分に自信がないから、好みも意見も言わなくなるってことですね。

湊　あと、自分の好みがそもそもわからなくなっています。私の場合は、味がしませんでした。味がしないって、鼻炎みたいな感じじゃなくて、「味わう」っていう能力がない感じです。自分に極端に自信がないから、「私なんかが好き嫌いとか味とかを云々できる立場じゃない」って思って自分の感情を握り潰しているんです。「まずいと思っちゃいけない」と思うと、同時に「おいしい」も感じなくなっていった感じです。だから、甘み以外の味は苦手でした。

蔭山　私なんかが味を判断しちゃいけない……。辛いのとか、苦いのは苦手でしたか？

湊　辛い物とか苦い物とかって、子供は食べられないじゃないですか。たぶん、あのまんまなんだと思います。

蔭山　辛みとか、苦みって、少しずつ食べながら身体がおいしいって覚えていく味だと思うんですが、コーヒーとか、辛いカレーとか、子供は楽しめないですけど、何度も味わっているうちに、これはおいしいものだということを脳が学習していく。だから、そういう経験があんまりなかったのかもしれないですね。

虚構と現実の区別がつかない

蔭山　あと、極端に怖がりでしたよね？

湊　怖がりでした。例えば、お祭りのおかめとか、ひょっとことか、獅子舞も怖すぎて、逃げる場所があれば走って逃げるし、家に来たときはベッドにもぐったりして、とにかく怖かったんです。小学校低学年くらいまではよくある話かもしれないけれど、それが大人になっても怖いままでした。

蔭山　大人になるにつれて、ああいうのは人間がやってるだけなんだとわかってくるから怖くなくなると思うのですが、違うんですか？

湊　ならないですね。ナマハゲは、人間じゃなくて、ナマハゲ。今思えば、虚構と現実の区別が、心の中で全然ついてなかったのかもしれない。例えば、医療番組を見ると、自分が病気なんじゃないかとすごく心配になるし、警察番組で万引きを取り締まるところを見ていると、自分が逮捕されるんじゃゃないかと思ってビクビクしてしまう。ドアのすぐ向こうに警察がいるような気がするんです。

蔭山　虚構が現実に染み出してきちゃう感じですね。夢の中みたいな世界なのかもしれない。

湊　そうだと思います。『進撃の巨人』のポスターを見て、部屋の窓から手が出てくるとか、警察の例よりもっとありえないじゃないですか。でも、ポスターを見ただけで、そう思ってしまう。それって、ほとんど夢の世界ですよね。

蔭山　そうすると、何が現実で、何が虚構なのかわからないから、何が現実に起こるのか予想することはすごく難しいですよね。パスタを食べたいって言ったら友達が突然怒り出すとか、あんまり考えられないと思うし、そんなの友達じゃないと思うけれど、夢の中であれば想像できる。

湊　あと、人を信じすぎて、騙されやすくなります。例えば、これをやったら成功するみたいな怪しい自己啓発セミナーに通ったことがあって、なんで通ったかっていうと、人の言っていることを信じてしまうことと、友達からの同調圧力に抗えなかったからなんです。

私は別に成功したい気持ちなんてまったくなくて、それどころか自分に自信がないから「私が成功するなんて」って感じでした。でも、友達が「あなたには絶対必要」って強引に誘ってきて、そうするとそうかなって信じちゃうんです。それで、理由をいろいろ聞くんですが、それも全部信じちゃう。今思えば、私にはセミナーは必要なかったし、友達もノルマで誘いやすい私を誘っただけでした。

蔭山　それは典型的なエンロールメントですね。入会者数を増やすことで、数字と自己の成長を同一視するもの。そういうセミナーは1990年頃の自己開発セミナーから今まで系譜が続いているんです。

湊　私が引っかかったのは、まさにそれですね。この「絶対必要な何か」っていう虚構と同調圧力は、だいたい同時に来るんです。だから、すぐに追い込まれて、嫌だと思っているのに、どんどん逃げられなくなっていくんです。最終的には足がすくんで動けなくなって、行けなくなって終わるんですが……。

蔭山　これは洗脳と同じもので、抜けられない理由が一枚一枚ラップを巻かれるように、くるくる巻かれていって、最終的には嫌だという意思があってもラップを破ることができないんですよ。洗脳のプロは、これをシステム化していて、組織で実行していますね。

湊　別に、セミナーだけじゃなくて、生きてると全方位で、虚構と同調圧力がずっと襲い続けてくるんです。例えば、ネットで「肌荒れ」って検索すると、普通に睡眠不足や、食生活の乱れって書いてあるんですが、危ない病気である可能性にも触れられていることが多いんです。すると、自分でも一番悪い事態を想像しちゃって、1週間とか1ヶ月とか、不安で寝られなかったりもしました。

蔭山　それは大変ですね。

湊　でも、もっと怖いのは、これが大変なことだと思っていないこと。むしろ、私は頑張ってつらいことに取り組んでいるから大丈夫だと思っていました。もし、あのままの人生を生きていたらと思うとゾッとします。

遺伝の影響や愛着障害の可能性は

蔭山　自分がなんで気弱さん、特に環境に敏感に反応する繊細な気弱さんだったんだと思いますか？　例えば、遺伝の影響とか。

湊　私は、別に専門家じゃないから、あくまで私が思う理由なんですが、遺伝の影響は少しあるんじゃないかと思います。気弱さんをほとんど克服した今でも、人よりは驚きやすいし、映画のアクションシーンを観ながら身体が浮き上がるような体験をずっとしているし。前みたいに、観るのも無理みたいなレベルじゃないんですが、そういう、基本的な環境からの影響の受けやすさみたいなのは今でも残っています。

蔭山　なるほど。あと、気弱さんの特徴とよく重なるのが、愛着障害っていって、親と適切な愛着を形成できないと、人の顔色を見すぎるみたいなことがあるんですが、それはどうですか？

湊　それ、私も調べました。愛着障害はちょっと心当たりがあって、親がすごく厳しいしつけをする人だったから、それが原因になってるというのはちょっとあると思います。

蔭山　遺伝も愛着障害も、少し関係してそうってことですね。そしたら、より強く繊細な気弱さんの特徴が出て、大変だったかもしれませんね。

メソッドで同調圧力に負けなくなった

湊　本当につらくて、弱虫な自分が嫌で、かっこいい女性になりたいってずっと思っていました。自分なりにいろいろと挑戦したんだけど、うまくいかなかったんです。

蔭山　それで、振り返ってみると気弱さん克服メソッド的なことを実践していたわけだけど、最初は何から始めたんでしたっけ？

湊　大手企業を入社1ヶ月で辞めたことかなぁ。私は、一応優等生な人生を歩んできたので、たった1ヶ月で会社を辞めるなんて、本当にありえないことだと思います。しかも、研修では成績が良くて、同期だけじゃなくて歴代の成績も全部抜いてぶっちぎりの一位だったんです。それなのに、なんで辞めたかっていうと、会社で教わる新人教育の内容が、納得どころかまったく共感も理解もできず、間違いにしか思えなかったんです。

蔭山　何がそんなに納得できなかったんですか？

湊　新人研修では、考えていることが現実になるって教わったんです。これだけ聞くと、目標を定めて努力すれば実現するってことだと思うんですが、研修で教わったのは「雨が降るのは、本人の思いの問題」だって。雨が降ってほしいと思っているから、雨になるんだっていうんです。

蔭山　たしかにそれは理解に苦しみますね。雨が降るのは気象の問題であって、心の問題ではないですね。どんなに心の問題にしたくても、雨は降る。心にできるのは、その雨を肯定的に捉えるか、否定的に捉えるかってことだけです。でも、思いと気象が一体化しているのって、虚構と現実が一体化するのと同じじゃないですか？　なんで気弱さんなのに区別できたんだろう？

湊　たしかに。なんで区別できたんだろう？　もう覚えてないけれど、この本で紹介している内容（第5章で詳述）をすでに実践していて、その頃には、虚構と現実の区別がちょっとつくようになっていたのかも。飛躍した論理とか根拠のない脅しとか、嘘とかは自分で判断できるようになっていたんだと思います。

蔭山　彼らにしてみれば、もちろん嘘じゃないと思うんだけど、ある種の信仰を前提にしないと成立しないですよね、雨が降るのは自分のせいって。

湊　どんなに思い込みを捨てろと言われても、私はそっち側に行きたくないし、みたいな感じです。昔だったら、これがわからなかったんですが、自分で考えて、自分で納得して、自分で行動するように心がけたりしていたから、その効果があったんだと思います。

蔭山　次にやったことは何ですか？

湊　次にやったのは、生活を自立させたくて一人暮らしを始めました。それまで実家暮らしで料理とかしたことがなかったから、一人暮らしで、料理、掃除、洗濯なんかの家事全般を自分でやるようになりました。それと仕事も自分で勉強して、ウェブデザインとかデジタルマーケティングを一から独学で勉強し始めました。

蔭山　それをやっていたら自信が付いてきた？

湊　そうですね。仕事で成果を出すためには、いろいろな壁が立ちはだかるんです。気弱でいても誰も助けてくれない仕事とかもあって、例えば行政関係の仕事とか。

書類に不備があると、絶対に通らないんです。だから相手の言っていることを、正確に把握しないといけないんですが、こっちは素人なので、本当に何言ってるのかわからなくて、でも気弱さんなんでガツガツ聞き返すことができないんです。

相手にバカだと思われるんじゃないかと か、迷惑だと思われるんじゃないかと思ってしまうんです。でも、バカだと思われても、ちゃんと自分がわかるまで手続きを確認しないと、一生終わらないんですよ。そういう壁打ちみたいなコミュニケーションを延々としながら、自分を強くもつことと か、しっかり聞くこととかが、だんだんできるようになっていったように思います。

虚構と現実の区別のつかない世界って、全部の境界線が曖昧なんですが、プログラミングとか行政とか、仕事で求められることは、全部境界線がすごくはっきりしている印象があるんです。曖昧が許されない感じ。数学的な?

3つの苦手を克服した

蔭山　自分の自信というよりも、境界線を確定させていったということですね。まさにアドラーの課題の分離そのものですね。そうやって世界の見え方が変わったら、苦手なものはなくなっていきましたか?

湊　私には、三大苦手なものがあって、同調圧力、不気味な存在、未来への不安の3つです。今、こうやって苦手を言語化して区別できるだけで、すごく自分が成長したと感じるんですが、とにかくこの3つが24時間365日ずっと私に取り憑いている感じだったんです。でも、今では全部、普通の人並みか、それ以上に克服しちゃったんじゃないかと思います。

蔭山　じゃあ順番に、1つ目の同調圧力は、今はもう感じないですか？

湊　同調圧力については、もうほとんど生活に影響はなくなったと思います。人に自分の好みは伝えられるようになったし、仕事のプレゼンテーションもできるし、SNSで情報発信もできます。情報発信は、むしろ生活の一部になっているので、得意なくらいだと思います。

蔭山　克服するのは大変でしたか？

湊　大変だったかといわれると、克服することそのものは、あまり大変じゃなかったかもしれないです。克服方法自体は無理をさせるようなものはないから。

でも、大変だったのは、人間関係ですね。それまでやっていた中途半端なことをやめたり、断ったり、私が相手と違う意見を主張することをおもしろくないという人が一定数いて、そういう人たちから「私も含めて、みんな心配しているよ」とか「前のほうが良かった」とか、直接言われたり、SNSでフォロー外されたりとか、直接的な関係もデジタルな関係も、途絶えてしまった人が結構いました。

蔭山　そんなに嫌われるって、例えばどんなことを言われたんですか?

湊　例えば、趣味の集まりに参加してほしいって言われて、「趣味じゃなくて本気だったらいいよ」って返したら、趣味がいいんだよねって。そうしたら「友達大切にしな」と言われました。その後、SNS含め、つながりは途絶えました。私も自分の時間があって、やりたいことがあって、友達の本気かどうかわからないことに付き合っている時間はないんです。ちょっと会うくらいなら良かったんですが、かなりの長期間拘束される話だったので……。

蔭山　そうやって、これまで言えなかったNOを相手に突きつけたわけだけど、怖くなかったですか?

湊　怖いとか、そういうことはなかったです。やりたいことも、やらなきゃいけないこともいっぱいあったし、社会に関わっている実感もあって、友達個人より、仕事とか、仕事の関係者とか、大事なものが他にいっぱいあったから、自然と断っていたという感じですね。だから、NOを言うのが怖かったとか、そんな感じはなくて、すごく自然な感じでした。でも、きつい言葉を言われたときは、1週間くらい引きずりました。

不気味な存在

蔭山　なるほど。自然にNOと言えるように、自分の内面が成長していったということですね。次は不気味な存在についてですが、それも克服しましたか？

湊　さっきのナマハゲ的な話ですね。もう克服したと思います。ホラー映画は今でもたぶん苦手だけど、怖がりっていうタイプじゃなくなったと思います。『進撃の巨人』を観ても、窓から巨人が襲ってきそうとも思わない。むしろ、いい演出だなあとか、よく社会の不安みたいなものを表現しているなあとか、感心しながら観られます。

蔭山　それは、もう完全に一般的な感覚だと思います。もし、子供のままで、なんでも怖いって思ってしまっていたら、社会生活を送るうえで、立ちすくんでしまうような理不尽なことが多すぎるはずです。

湊　今はだから、怖いのはナマハゲじゃなくて、本当にやばいことをしている大人とか社会のほうが怖い……。むしろ、ナマハゲありがとうって気持ちになります。

自分で生きることを決意したら、未来への不安が軽くなった

蔭山　じゃあ最後に、未来に対する不安についてはどうですか？

湊　未来に対する不安は、生きている限り続くと思うけど、今は当時と比べるとすごく軽減されたと思います。自分は無力な存在だと思っていて、生きていくことにすごく不安があったんですが、仕事ができるようになって、社会の構造や仕組みが少しわかるようになって、視界がクリアになって、そういう不安は軽くなったように思います。

蔭山　社会を知ったから、不安が軽くなった。これはよくあることだと思うんですが、社会の何が理解できたから未来への不安が軽くなったんですか？

湊　一番は、仕事を自分で考えて自分でやっているという自信だと思います。理解という意味でいえば、ゼロからやっていけるっていうことを理解したという感じです。例えば、前だったら、明日突然ホームレスになったらどうしようとかいう不安があったんです。大震災が起こって無一文になった

らどうしようとか。震災関係の番組を見ていたらすごく不安になっていました。でも実際、そんな可能性はすごく低いですよね。事前に準備できることもありますし、それにもしあったとしても、その中で頑張るだけ、という感覚が身についたんです。それが理解できたら、怖くなくなりました。

蔭山　なるほど。でも、みんなそんな苦労したくないし、頑張って生きたくなくて、楽をして生きていきたいと思っていると思うんですが、そんなに激しい覚悟がないと不安はなくならないですか？

湊　個人的には、弱虫は嫌だったという強い思いがあったから、これが私らしいルートなのかもしれないです。

蔭山　つまり、覚悟を持てと。

湊　ちやほやされたいとか、誰かがなんとかしてくれるとか、そこそこの人生を誰かが保証してくれるっていう甘えは、私の中にもすごくありました。でも、それって気弱さんの精神そのものだと思うんです。だから、不安をなくしたいなら、たくましく、大人になることを覚悟するしかないのかもしれないです。

蔭山　気弱さんの人生も大変そうだけど、

気弱さんを克服した後も、仕事が大変そうですが、実際はどうですか？

湊　全然、大変じゃないです。気弱さんのほうが、すごく大変でした。今は、仕事が楽しいし、ご飯もおいしい。あと、シンプルに自分が好きになりました。翼広げて生きているなあって思えるんです。

蔭山　それは良かったです。最後に、気弱さんを克服したいと思っている人に一言お願いします。

湊　今日、明日で、すぐに克服できるものではないので、コツコツ頑張ることが大切だと思います。焦らずに、それぞれのペースで進めてください。

蔭山　一歩ずつ、が大切ですね。

第5章
気弱さんから卒業する7つの習慣

気弱さんを克服する7つの習慣

ここまで気弱さんのままで失敗しない、守りと攻めのコミュニケーションを紹介してきました。このまま気弱さんを克服しなくても、なんとかやり過ごすことは、これだけでできるはずです。

しかし、時間はかかりますが、気弱さんであることを克服して、嫌なことははっきりと嫌だと言える自分、自信を持って相手に提案できる自分、さまざまなものに怯えずに堂々と生きられる自分を手に入れることもできます。

この章では、気弱さんを実際に克服した方法を紹介していきます。

◎嫌われる勇気をいきなり持たない

気弱さんが気弱なのは、決して本人のせいだけではありません。私のところに相談に来られる気弱さんは、むしろ真面目で、努力家の人が多いように思います。かっこいい大人になりたいと願い、そのためには滝に打たれてもいいと思うくらいの努力家です。

それなのに、その努力はなかなか実らず、同調圧力に対抗できずに、周囲に振り回されています。ですから、自らの意思で未来に進んでいくことができる「強い心」を獲得したいと思っています。

しかし、いきなりそんな強い心を手に入れることはできません。というより、目指すべきではありません。

気弱さんの心は、運動を全然してこなかった身体みたいになっています。自分の心で感じること、感じたことを伝えること、そして他者から批判されることに不慣れです。

気弱さんに強い心を持たせようとすることは、運動したことのない人に、いきなりフルマラソンを走らせるようなものです。すぐに、膝や腰が故障してしまいます。これと同じで、いきなり激しく心を鍛えようとすると、心や人間関係が先に故障してしまいます。

想像してほしいのですが、ドラえもんに甘えてばかりののび太くんが、ある日突然ドラえもんの道具で、「強い心」を手に入れて、嫌われる勇気に溢れ言いたいことをバンバン言う、ディベートの達人みたいな心を持ったら、周囲はどう思うでしょうか。心配するし、きっとうまくいかないと思いませんか。

ですから、無理に強い心を手に入れずに、のび太くんはのび太くんのまま、成功できる道を探したほうがきっとうまくいくはずです。**別人のような人格に生まれ変わる必要はまったくなくて、優しい人は、優しいままでいいんです。**

ただ、自分がつらすぎる状況に追い込まれないように、断れるようになること、言うべきことを言えるようになることが大切です。

気弱さんが、断れなかったり、自分の思いを伝えられなかったりするのは、意思を伝えた結果、どんな目にあうかわからないからです。

また、「自分なんか」と自分を卑下していて、自分より相手を優先してしまうからです。

しかし、〈私〉ではなく〈あなた〉に比重を置いた生き方には必ず限界が来ます。「自分なんか」と自己を卑下せず、「私ほどの人間なら」と自尊心をベースにして、人間同士お互いに尊重できる関係を作ることが理想です。

誰かが誰かを操作するのではなく、対等に、尊重しあえる関係を作ること、それを実現する方法をまとめたのが、「気弱さんを克服する7つの習慣」です。

◎気弱さん克服の基本的な考え方

気弱さんが、最終的に目指すのは、周囲の同調圧力に対抗するだけの強さを自分の中に持てるようになることです。


そのために、過酷な精神修行のような方法は取りません。過酷な修行とは、例えば怖くてできないようなことをやり遂げることで、自分は強くなったんだという感覚を体験するものです。これは自己啓発セミナーなどでもそうですが、弱い自分を卒業して、強い自分に生まれ変わる、という考えのもとに設計されています。

しかし、ここに落とし穴があります。このような過酷な修行は、通過できた人には強い自分に生まれ変わった感覚が持てますが、通過できなかった人には脱落者の烙印が押されることになります。つまり、落第したり、完璧にこなせなかったとき、さらに自分に自信が持てなくなってしまうのです。

気弱さんは、基本的にもう十分に傷ついてきました。自分の自信が粉々になるほど自分を責めてきた人たちです。そんな気弱さんが、さらに過酷な精神修行の道を歩いたらどうなるでしょうか？　おそらく、完璧にこなせない自分をさらに責め続けるでしょう。

気弱さんに必要なのは、限界を超える苦労ではありません。根性でもありません。**必要なのは、自分を大切にする感覚を取り戻すことと、自分を大切にする具体的な方法を知ることです。**

それは、第2章で紹介した通り「正解を大切にする人」から「思いを大切にする人」に変わることです。

気弱さんにとって、相手の感情は正解と同じです。正解を大切にする人でもある気弱さんは、相手に気に入られるために、優等生やいい子を演じています。しかし、相手の感情を正解にすると、どうしても自分よりも相手を優先しすぎることになって、苦しい状況に追い込まれてしまいます。

ですから、**相手の感情を正解にしない人にならなければなりません**。もっとわかりやすくいえば、優等生をやめて、世の中に反抗する不良やギャルになるということです。

しかし、ただ反抗しても、それは子供の反抗期と同じです。親に反抗しても、生活に大きな影響は出ないかもしれませんが、会社の上司に反抗し続ければ、それはただの面倒なやつです。あまり良い処遇は受けられないでしょう。反抗するからには、理由が必要です。

「気弱さんを克服する7つの習慣」は、ただ反抗するのではなく、思いを大切にする人として、相手の感情に振り回されずに生きていくための方法です。

習慣1

心を守る

◎他人から自分の心を守る狙い

この習慣1では、周囲の同調圧力に飲まれてしまう気弱さんが、ほんの少しだけ息継ぎする時間を確保することを目指します。

気弱さんは、24時間、人のために時間を使っていて、自分とゆっくり向き合う時間がほとんど取れていない状況です。1人でいる時間ですら、仕事のことや人間関係で頭がいっぱいです。

その主な理由は、スマホです。スマホの通知に、リアルタイムで正しく対応しないといけないというプレッシャーがあり、1人でいるのに常に誰かと話し続けているような状態になってしまって、心が落ち着かないからです。

このような心理的負担を少しでも減らして、自分の時間が持てるようになることを目指しましょう。

◎スマホフリー時間を習慣化する

気弱さんは、SNSに向いていません。SNSに接続している限り、気弱さんは相手の感情を不快にさせないために、行動し続けることになります。

ですから、スマホを近くに置いているだけで、気弱さんは、相手の感情に溺れている状態になっています。この時間を少しでも減らして、息継ぎできる状態を作りましょう。

2020年の「スマートフォンの利用者実態調査」(MMD研究所)によれば、10代女性では約85%が1日に3時間以上スマホを視聴しています。また、10時間以上という回答も約16%に達し、スマホ依存がはっきりと読み取れます。10時間もスマホの画面を睨んでいるというのは、少し驚きです。

もちろん、中には仕事などにスマホをフル活用している人もいるため、一概に利用時間を制限すれば良いというものではないでしょう。

しかし、気弱さんに限っていえば、どうしてもスマホが気になってそばに置いて、SNSを眺めている時間が増えているのではないでしょうか。そして、相手の返事に一喜一憂してしまっていませんか。もし、心当たりがあれば、スマホの利用時間を少し減らしましょう。

とはいっても、簡単に減らせるものではないことはわかります。返事を返さないと相手を不快にさせてしまうかもしれないし、後で怒られるかもしれません。そうなっては、自分の心の安全を守れず、逆効果になってしまいます。

そこで、**スマホフリーの時間を1日1時間でいいので設定しましょう。**そしてその時間は、スマホを箱の中か引き出しの中にしまってしまうのです。ただ、触らない時間を決めるという方法もありますが、目に触れるところにあると、つい触りたくなってしまうので、フタが付いているものの中にしまうことが大切です。

まず、たった1時間でいいので実行してみてください。これでも、スマホ依存が進んでいると相当に苦しいはずです。

そして、1時間のスマホフリーを習慣化させてください。1時間であれば、

人に迷惑がかかることも、人間関係にヒビが入ることもないはずです。もし、これで人間関係がギクシャクし始めるのだとすれば、それはそもそもその関係のほうがおかしいのです。

1時間のスマホフリーの時間ができるだけで、窒息状態から解放されて心が少し楽になります。余裕があれば、2時間、3時間と時間を延ばしていきます。そして、最終的には、スマホの1日の利用時間を3時間未満に抑えることを目指しましょう。

◎寝る前にスマホを見ない

次に、寝る前にスマホやテレビを見ないようにしましょう。気になって眠れなくなることが多くなるからです。

テレビで病気のことを取り上げている番組を見たら、自分が病気になるのではないかと不安になって、ネットでその病気について一晩中検索をし続けたりしていませんか。また自分の進路やキャリアで悩んだときに、その答えをネットの中から見つけようと何時間も検索したりしていませんか。

ネット検索は、とても便利です。正解のあることであれば、わかりやすく教えてくれます。例えば、レストランの住所は、ナビまでつけて完璧にリードしてくれます。

しかし、ネット検索には苦手なことがあります。それは、答えのないことについて調べることです。

例えば、進路について調べると、ネットには役立つ情報はほとんどないでしょう。検索することで企業一覧が手に入って、年収や口コミ、ブラック企業であるかどうかがわかりますが、それだけです。自分の進路にぴったりの企業は、見つからないはずです。

なぜなら、本人がどのように生きたいかという方向が定まらないと、絞り込むことができないからです。ですから、絞り込む前の、役に立たない情報を延々と読んでいても、心は安心しません。

そこで、生き方についてのヒントを得ようとネットで「やりたいことを探す」などと検索すると、「やっているうちに、それがやりたいことになる」など、誰でも知っているような情報が、本の100分の1くらいの情報量になって紹介されています。自分に合った生き方は、ネットでは検索できないのです。

では、スマホがなかった頃の人は、どうやって生き方を考えていたのかというと、それこそ本を読んだり、映画を観たり、先輩に話を聞いたりして考えていました。これで十分だったのです。

これに今はネット検索が入ってきて、情報に素早くアクセスできるようにはなったのですが、生き方について情報量が増えたわけではないのです。

気弱さんには、夜寝る前にいろいろな不安が襲ってきます。そのとき、答えのない抽象的なことを検索し始めてしまうかもしれません。しかし、そういう答えのないことはいくら検索しても、満足のいく結果は出てきません。


ですから、少し不安なことがあっても、検索に夢中にならないでください。

そして、スマホの中に答えがないことを理解して、情報との付き合い方を覚えていくことが大切です。

検索したくなったら、「その質問に答えはあるか？」と、自問してみてください。「答えがない」と思ったら、検索をやめましょう。

そして、夜はゆっくり寝るようにしてください。

◎SNSと距離を取るときの注意点

気弱さんの人間関係は、相互依存的になりがちです。ですから、知らず知らずのうちに人間関係でがんじがらめになってしまっていて、連絡手段としてのスマホと距離を取りたいと思っても、思うようにできない可能性があります。

気弱さんの周りには、あなたと常につながっていないと不満を募らせるタイプや、連絡したいときにすぐに連絡がつかないと不満を爆発させるタイプがいるかもしれません。

そういう人は、ほんの少しあなたが自分から離れていく感覚があるだけで、あの手この手で、依存関係を続けようとします。

ですから、スマホフリーを実現するときの最大の壁は、SNSの向こう側にいる人間です。

あまりにも、相互依存的な関係ばかりに囲まれてしまっているときは、スマホフリーを実現することはとても難しくなります。そんなときは、1時間だけスマホフリーを実現するような中途半端な方法ではうまくいかないかもしれません。

その場合は、周囲に事情を説明して、**一旦すべてのSNSを停止してみるのも有効です。**

アカウントを削除してもしなくても良いのですが、SNSを完全に見ないようにします。そうして、自分の心の安全を守りましょう。

このとき、一時的に人間関係が切れますが、必要な人間関係は後ですぐに回復させることができます。

あなたのことを大切に感じてくれている人は、あなたのことを必ず待っていてくれます。

不安が強いと思うので、もう一度言います。あなたのことを待ってくれる人は必ずいます。

逆に「あなたのことが心配」などという言葉で、引き留めようとする人には、注意が必要です。

本当に心配してくれているだけなら事情を話せば終わりですが、それが相互依存を脱却されることに反対する反応であった場合、「そんなことしたらとんでもないことになる」「絶交する」「仕事がなくなる」など、びっくりするくらいひどいことを言われるかもしれません。また、身体的な暴力に発展することもありえます。

少し怖くなってしまったかもしれませんが、こういう反応から自分の身を守るための準備をしっかりすれば大丈夫です。スマホやSNSから少し距離を取るのも、そのための準備の一環でもあります。

習慣2

自立した生活をする

◎生活を自立させる

気弱さんは、頼られることにも、頼ることにも慣れています。

はっきり物事を言わなくても、周りが全部やってくれたり、逆に相手が言葉にする前に、先回りしてやってあげたりすることが習慣化しています。

こういう言葉に頼らない相互依存関係は、あまり変化や成長を望まないのであれば、居心地が良いはずです。

しかし、気弱さんを克服したいと思ったとき、自立した生活ができることは、周りの人たちと適切な距離を取るうえで欠かせません。

例えば、家事ができなければ、できる人に頼りたくなります。お金がなければ、実家暮らしをし続けたくなります。仕事ができなければ、できる人に教えてもらいたくなります。

精神医学者の土居健郎さんが著書『「甘え」の構造』(弘文堂)の中で指摘しているように、甘える、甘えられるという相互依存的な関係が固定化すると、相手の感情を無視することができなくなります。つまり、感情を読み続ける気弱さんで居続けるしかなくなります。

ですから、少しでも、周囲の同調圧力と距離を取れるように、甘えなくても生活できる基盤を作っていく必要があります。その第一歩が生活の自立です。

もちろん生活の自立には、経済的な自立が含まれます。お金で首を締められると、言いたいことが言えなくなってしまうからです。しかし、経済的な自立は、ある程度、精神的な自立が達成された後でも可能になるので、まずはお金のことを考えるのはやめましょう。

◎なんとなくの食事をやめる

バランスの良い食事を、規則正しく取れていますか。

大企業に勤める友人からこんな話を聞きました。「最近の新入社員は、なんとなくドリンクを飲んで、なんとなくスナックを食べて、なんとなくケーキを食べて、なんとなくお腹いっぱいという食生活でびっくりする。ランチという概念がない」と、驚いていました。

2019年の18－39歳を対象にした「若い世代の食事習慣に関する調査結果」(農林水産省)によれば、主食・主菜・副菜を組み合わせた食事を1日2回以上食べることが、「ほとんど毎日」と回答した人が約2割、「ほとんど食べない」と回答した人が約3割でした。また、「週に2～3日ある」と回答した人は約2割で、「ほとんど食べない」と合わせて約5割の人が栄養バランスに配慮していないことがわかります。

アンケート調査は友人の話とも一致しています。

このように、なんとなく食べるというのは、意思がないので、気弱さん克

服のためにはあまり良くありません。 食べたいものを考えて、しっかりと食べるようにしましょう。

しかし、〇〇すべきと、お説教をされてもそんな気持ちにならないかもしれません。「食べたいものや好きなものがなく、お腹が空くからただ食べているだけで、ちゃんと食べたいと思わない」そう感じているようでしたら、食事のおいしさを学ぶことから始めると良いと思います。

実は、食事がおいしいと感じるためには、訓練が必要です。食事は最初からおいしいわけではありません。文化の影響を受けます。だから、各国で味の好みが大幅に変わるのです。

例えば、和食のだしです。外国人には、だしの味はうす味すぎて、物足りないとよく言われます。しかし、和食は洋食に比べてうす味ですが、だしの旨みがわかるようになると、その繊細さがおいしく感じられるようになります。

おいしいものをおいしいと感じられるようになると、人生はずっと豊かになり食事が楽しくなります。そして、食事の時間が待ち遠しくなるはずです。

◎食事を楽しむことでおいしいを覚えよう

おいしいものをおいしいと感じるためには、**食事について感想を言い合うだけでも、良いトレーニングになります。**

できれば、気の許せる誰かと食事をすることが大切で、その食事がおいしいと思えば「おいしい」と、おいしくなければ「おいしくない」と言います。そして、どうおいしいのか、どうおいしくないのかを考えて会話をします。

気弱さんは誰かと食べているとき空気を読みます。自分の味覚にはあまり注意を払えていません。相手がどう感じているかに注意を払ってしまいます。相手が「おいしい」と言えば「おいしい」と合わせ、相手が「いまいちだね」と言えば「いまいち!」と合わせるだけのコミュニケーションを取ろうとしてしまいます。

食事の感想を話すのは、気弱さんにとっては難しいことです。友人と食事をしているときも、食事の感想を話して相手と意見が違ってしまうのが怖いので、感想が言えないのです。

味がわからなくなるのは、リラックスして食事を楽しんでいないことも理由の1つです。誰しも経験があると思うのですが、緊張する相手、例えば上司や取引先と食事をしても、味が感じられないということがあります。そのような状態では、おいしさを理解することは難しいのです。

本来、気兼ねなく話せる家族や友人と、ご飯の感想を話しながら、味を楽しむことができていれば、おいしいものをおいしいと自然に感じられるようになるはずです。

しかし、ご飯をおいしく感じられないということは、それができていないということです。誰かに気を使いながら食事をしているのだと思います。ですから、友人の中から、気の置けない相手を選んで食事を楽しむようにしてほしいのです。

もし、食事を取れる相手がいなければ、食事の感想をノートやブログにまとめておくと良いでしょう。

また、料理をするのも効果的です。おいしいご飯を作ろうとして、レシピ通りに作ったはずなのにおいしくできなかったりします。その主な原因は、おいしいという感覚や記憶が曖昧で、仕上がりのイメージがないからです。仕上がりのイメージがないと、調理するときに、おいしいご飯というゴールに向かって仕上げることができません。ですから、実際に作ることで、何がおいしいのか、どうすればおいしくなるのかを考えられるようにしましょう。

おいしいご飯を楽しむことから始めてみてほしいと思います。

◎整理をする

気弱さんの中には、整理が苦手な人が多いと思います。整理とは、必要なものと必要ないもの、使いやすい種類などへ分類することですが、気弱さんは、意思が弱く優先順位を決めるのが苦手なので、整理が苦手な傾向があります。

部屋は心の鏡といわれたりします。散らかった部屋は散らかった心の表れですし、美しく整理された部屋は、それだけ心も整理されていると考えることもできます。

気弱さんの部屋は、優先順位が決められないままものが溢れてしまっているかもしれません。また、ものを整理するのが面倒臭くなってしまって、一気に断捨離してすっきりしようとしたりします。断捨離のタイミングで、本当は必要なものも一緒に捨ててしまっていたりもします。

たしかに、捨ててしまえばすっきりはします。しかし、全部捨ててしまっては、自分の意思を大切にすることにはなりません。気弱さん克服のためのメソッドとしては、役に立たないのです。必要なものと必要ないものの優先順位をつけることを、気弱さん克服に役立てましょう。

整理の方法については、整理整頓の本が多数出版されているので、詳細はそちらに譲りますが、ここでは気弱さんが陥る罠について紹介します。

整理の基本は、収納されているものを全部出して、しまい直すという作業になります。しかし、そもそもの収納スペースが足りていないことも多々あります。その場合は、まず収納スペースを確保するために、収納用品を買い揃えるところから始めます。もちろん、スペースが十分であれば、買う必要はありません。

このとき問題になるのが、どんなサイズのものを、いくつ買うかです。これが気弱さんには意外と難しいのです。

収納用品を買う前に、メジャーで、高さと幅と奥行きを測って、そこにぴったりのサイズのものを買うことになります。できる人から見れば、何をそこまで丁寧に解説しているのだろうと思うような話でさえあります。

しかし、いざ購入しようとすると、ちょうど良いサイズのものがなかったり、買ってはみたもののサイズが合わなかったり、うまく組み立てられなかったり、いろいろなトラブルに見舞われると思います。普通の整理整頓の本には、この苦労があることは書かれていません。できる人が整理することを前提にしているからです。

ですから、ここでその失敗を事前に予告しておきます。気弱さんは数字で測って、組み立てて、はめ込むという一連の大掛かりで後戻りのできない作業が苦手です。ですから、失敗することもあると思います。

ですが、失敗して良いんです。そういうものです。いきなりはうまくできません。失敗すれば、奥行きを測り間違えていたとか、車輪の高さを計算に入れていなかったとか、経験からいろいろなことを学べます。失敗しないと、収納が数字で支配されていることを身体で理解することができません。ですから、まずは助けを求めずに自分で取り組んでみてください。

収納ができたら、後は整理していくだけです。必要なもの、必要ないものを分類し、必要なものを取り出しやすいようにどう収納するか、決断の連続です。

ゆっくり、1つずつ整理していきましょう。想像しているよりも、ずっと時間がかかると思います。完璧から程遠い収納になるかもしれません。あまりにできなくて、自分にがっかりするかもしれません。でも、それで良いんです。

「自立した生活をする」では、食事を規則正しく、食べたいものを食べるようにすること、そして整理整頓に挑戦することを紹介しました。

自分の意思を大切にして生活すること、優先順位を考えること、そしてその大変さを知ってもらうことが狙いです。

始めてみるとすごく簡単そうに見えて想像していたより大変だと思うので、ゆっくり進めてほしいと思います。

習慣3

身体をコントロールする

◎心を鍛えるには身体から

「健全な肉体には健全な精神が宿る」。これは、決して大げさな話ではありません。例えば、うつ病の治療に、薬やカウンセリングだけでなく、行動療法という運動を組み合わせる治療が効果的であることが知られています。身体を動かせば、脳内でドーパミンやノルアドレナリンなどの神経伝達物質が放出され、気分も晴れやかになるというわけです。

また、脳だけでなく、運動を日常的に取り入れることで、血行が良くなって、慢性的な肩こりが軽減されるなどして身体が軽くなり、勉強や仕事に集中できるようにもなります。

当然ダイエットにもなって、外見上のバランスも整ってきますし、自信を失いがちな気弱さんが自信を持つことの助けにもなります。

また、呼吸法や発声法は、コミュニケーション力とも関わりがあるため、可能な限り取り組みたいものです。

◎運動の習慣を身につける

まず何よりも大切なのは、運動を習慣化することです。1日30分、ジョギングでも、ウォーキングでも、筋トレでも、ヨガでもなんでもいいので取り入れてみましょう。

理由は、運動が健康に良いからということもあるのですが、より大切なことは気弱さんを克服する助けになるからです。

もちろん過酷なことを乗り越えて、精神的に強くなる、自己啓発的なアプローチではありません。むしろ体育会系のトレーニングはオススメしません。

体育会系のトレーニングは主体的なトレーニングになっていないことが多いからです。

あるプロ野球選手に学生時代の野球の練習とプロ野球の練習の一番の違いは何か聞いたところ、「学生野球は、やらされている」「プロ野球は、自分でやっている」と言っていました。

プロは生活がかかっているので、ダメになったらそれまでです。自分で責任を取るしかありません。コーチはいますが、別にコーチが責任を取ってくれるわけではないので、練習方法や治療計画など最終的な判断は選手が自分で下しているそうです。

自分の人生は自分で決める、周りの人は責任が取れるわけではない。これは、プロ野球選手に限らず、誰にでも通用する普遍的な事実です。

周りの人の言う通りに人生を送って、もしうまくいかなかったら誰が責任を取るのでしょうか。人生の責任が取れるのは、その人生を生きている本人しかいません。

どの程度、どんな運動をするべきか、なぜ運動すべきか、それは本人次第です。体調管理の一環として、理想のボディを手に入れるため、より集中したパフォーマンスを出すため、目標はなんでも構いません。

目標を定めて、それを達成するために、自分の意思で取り組んでみてください。

とはいえ、自分1人で運動を続けるのは想像以上に難しいことです。そのため、サークルに顔を出す、いつも同じ時間にジムに行くなどして、仲間を見つけたり、アプリのAIに励ましてもらったりして、続けられる工夫をすることも大切だと思います。そういった工夫をするのも、意思の力です。

ただし、一点注意したいことがあります。それはフォームです。

フォームが崩れていると関節を痛めたりして、逆に健康を害してしまうこともあります。

美しいフォームはそのままボディメイクにもつながりますし、快適な疲れない身体を実現します。ですから、フォームに自信がないときは、一度パーソナルトレーナーに見てもらうなどして、フォームを修正するようにしてみてください。

驚くほど、自分のフォームや姿勢が崩れていることに気がつくはずです。利用できるものはなんでも利用して、運動を習慣化する努力をしてみてください。

◎呼吸法と瞑想

いつも周りのことで頭がいっぱいになりがちな気弱さんには、1日に1回、1分でいいので、目を閉じて呼吸に集中することをオススメします。**目を閉じて、呼吸に集中することで、雑念を排除してリラックスでき、集中力を高める効果が期待できます。**

呼吸法はさまざまありますが、ここでは椅子に座っておこなう、リラックスのための呼吸法を紹介します。

まず、椅子に浅く腰掛けます。お尻の下に二本の骨が突き出ているのがわかると思います。その骨を足だと思って立ててください。すると、背筋が自然と伸びるのですが、さらに姿勢を正して、背筋を伸ばしましょう。

次に、呼吸法で意識するのは「臍下丹田《せいかたんでん》」という場所です。臍下丹田は、おへその下にあります。おへそに人差し指を当てたときの小指の下あたりにあります。場所がわかったら、臍下丹田に優しく指を当ててください。

そして、腹式呼吸をしていきます。臍下丹田を指で抑えながら、息を口から吐きます。このとき、臍下丹田はへこんでいきます。息を吐き切ったら、今度は鼻から息を吸います。臍下丹田が膨らんでいきます。そして、また吐き切りましょう。

次に、本格的な呼吸法です。目を閉じて、姿勢を正します。7秒かけて鼻から息を吸って、20秒かけて息を吐いていきます。これを3セット繰り返しましょう。

はじめは腹式呼吸に身体が慣れず、思うようにお腹が動かないと思うのですが、長く続けていくと自然と筋肉が付いてきて、うまく呼吸ができるようになります。

気弱さん克服の基本的な考え方は、コントロールできないことをコントト

リラックスのための呼吸法

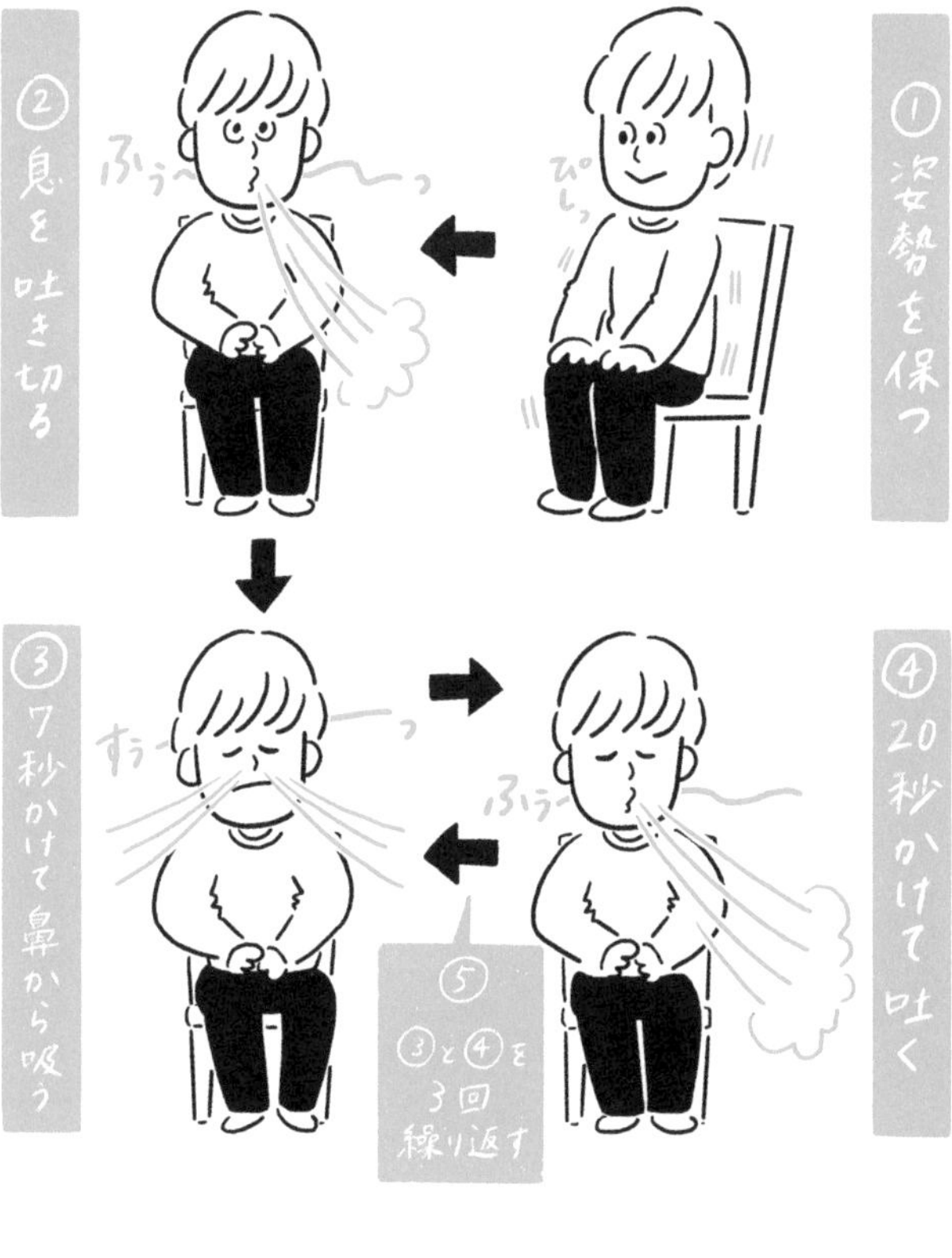

ロールできるようにしていくことです。

呼吸は意識と無意識の境界にある運動です。私たちは、意識しなくても身体が自然に呼吸していますが、意識して呼吸をコントロールすることもできます。

呼吸に意識を集中するというのは、コントロールされていない身体をコントロールするということです。

呼吸は、あらゆる運動、あらゆる感情と関係しています。呼吸がコントロールできるようになることで、動きや感情もコントロールできるようになっていきます。

◎ボイストレーニングと感情表現

気弱さんは、自分の意思をはっきり言うのが苦手なので、声が小さくなりがちです。しかし当然ですが、小さな声で話すより、よく通る聞き取りやすい声で話したほうが、コミュニケーションは円滑になります。

そこで、ボイストレーニングをオススメしたいのですが、気弱さんの場合は、すぐに本格的なボイストレーニングに通う必要はあまりないかもしれません。自力である程度できてしまうからです。

声が小さかったり、通らなかったりする理由は、発声に使う腹筋が十分に鍛えられていないなどの**発声器官の使い方による問題と、精神的な問題に分けられます**。

筋力が足りない場合は、ボイストレーニングが有効です。

一方で、精神的な問題の場合、ボイストレーニングはあまり効果を発揮しません。大きな声を出すことにどこか抵抗があって、声が小さくなってしまっているだけだからです。

これまで発声の指導をしてきた経験から、プロの俳優や歌手を目指す人であれば筋肉量の問題、**スピーチトレーニングやコミュニケーショントレーニングの場合は精神的な問題が大きな比重を占めています**。気弱さんは、まず後者である可能性が高いです。

精神的な理由で声が出ない場合、もともとある程度の声を出せるのにそれを抑制しているだけなので、筋力に働きかけるボイストレーニングの効果は期待できません。どんなに大きな声を出せるようになっても、結局抑制してしまい、意味がないからです。

そこで、**オススメなのが、1人カラオケです**。1人であれば、視線を気にして恥ずかしがる必要はありません。車通勤であれば、その時間が活用できます。

歌い始めると、大きな声を出すこと自体に身体が慣れていないので、すごく抵抗があると思いますが、できる限り大きな声で、1人で歌ってみてください。感情を込めて、恥ずかしいくらい大げさに歌ってほしいと思います。人生で、最も大げさな表現です。

このとき、録画か録音をしてみてください。そして、歌い終わったら聞き返してみましょう。すると、意外なほど自分の声が小さく、感情も単調なことに驚くはずです。人生で一番恥ずかしい大げさな表現が、ものすごく単調なのです。普段の会話でどれだけ乏しい表現をしているのかが、よくわかると思います。

そして今度は、身体全身を使って声を出す練習をしていきましょう。歌手になりきったつもりで、腹筋に力を入れながら、足を踏ん張って、手振りを使って熱唱してください。

目標は、喉がかれたり、腹筋が筋肉痛になることです。全身の力を声に乗せることができれば、声はかれますし、腹筋がしっかり使えれば筋肉痛になります。

本当は喉をからすようなボイストレーニングはプロのトレーナーとしてはご法度ですが、目標は気弱さんを克服することです。一度くらいは良いでしょう。しかし、気弱さんは、大きな声がなかなか出ないので簡単には声がかれたりしないと思います。

そして、また動画を確認します。するとやはり、想像していたよりも声が小さくて、感情が単調な自分が映っているはずです。さらに頑張って表現力を磨いていきましょう。

こうして、カラオケなどでいいので、まずは大きな声を出すことに身体を慣れさせてください。普段の会話も、気がつけば自然と大きな声になってくるはずです。

さらに、効果的にトレーニングしたいときは、専門家に指導してもらうのもオススメです。

習慣4

権威に騙されない

◎科学は何もわかっていないと知る

本当の意味で自分に自信がある人はいないこと、そして自信がないまま自信があるように振舞っているだけだという話は第2章でしました。

とはいえ、まだ頭のどこかで、たくさん勉強すれば自信が付くのではないかと思っているかもしれません。しかしそんなことはありません。

例えば、科学について話します。科学はすべてを解き明かしつつある、そんな風に感じている人は多いと思います。しかし、少し科学を大学などで勉強した人にしてみれば、感想はまったく逆になるのではないでしょうか。

科学は、まだ何も解明していません。理系の大学教授に話したら「そうだそうだ」と太鼓判をもらいました。なんでも知ってそうな顔をしながら科学を教えている大学の先生が、何も解明していないと言うのです。

では、どれくらい科学は世界の神秘を解き明かしたのか、30％くらいはわかったんじゃないか、70％くらいはわかったんじゃないか、そんなことを思うかもしれないのですが、実はそれもわからないくらい、何もわかっていないのです。**あと、どれくらい研究すれば、研究することがなくなるのか、検討もつかないくらい何もわかっていません。**

宇宙が1個のりんごだとして、科学が理解したのはりんごの皮くらいかもしれません。いや、もっともっとわかっていないようにも思います。

よく考えてみると、2020年に新型コロナウイルスの流行が始まったとき、科学は万能ではありませんでした。どれくらい感染者が増えるのか、どうやって対策すればいいのか、よくわからなかったのです。感染症対策は、ウイルスの特性だけでなく、人間の行動を予想することも含めて、よくわからないことだらけで、対策は難しいものでした。

知性の頂点に位置する医学でも、この程度です。この程度でも、わかっていることがすごいことなのですが、それでも宇宙全体を知ることから比べれば何もわかっていないに等しいのです。

そうすると当然、ネットで検索してわかることは、科学の分厚いテキストや難しい論文に書いてあることよりも、もっと少ないのです。

「無知の知」という言葉を聞いたことがあるでしょうか。ソクラテスの言葉で、自分が何も知らないことを知っているという意味です。約2500年前の世界最高の知性は、何もわからないと言いました。現在の最高の知性に聞いても、答えは同じだと思います。

この話を気弱さんにすると、「もっと早く知りたかった」「そんなにわかっていないなんてショックだ」とよく言われます。そして、「それを聞いてなんだか安心した」と続けます。自分がわからないのは当たり前なんだ。みんなわかっていないんだということが理解できるからだそうです。

知性の頂点もたかが知れています。「私なんか」と思う必要はまったくありません。

◎自信を持つのは難しいと知る

どんなに勉強しても、答えのないものに対して、自信を持つことがいかに難しいか、私の仕事から紹介したいと思います。

スピーチライティングで最も重要になるのが、メッセージを届ける「デリバリー」です。デリバリーとは、伝え方のことで、何を話すべきかという内容のことではありません。同じ内容でも、さまざまなデリバリーの方法があります。

これも、コロナ禍の話ですが、外出自粛要請が始まった当初、日本で最も優秀な人たちが勤務しているであろう厚生労働省から「手の洗い方」についての文書がネット上で配布されました。それを印刷して、あちこちに掲示して役立ててもらおうというものです。

この文書はとてもわかりやすく、私もこの動きは素晴らしいなあと思っていたのですが、ある視点が抜け落ちていることを、1つの動画を見て思い知らされました。

ピコ太郎さんが、YouTubeで手洗い動画をアップしたのです。Wash! Wash!と連呼する動画で、見た人も多いのではないでしょうか。この動画は瞬く間に世界中に拡散して、世界中のメディアでも報道されました。

この広がりが大きいことにも驚いたのですが、何よりこの動画を見た子供たちが、Wash! Wash!と楽しそうに手洗いするようになったというのです。子供たちには文書でどんなにわかりやすく説明したとしても、つまらなければ届きません。おもしろい格好をしたおじさんが、おかしなリズムで踊りながらWash! Wash!と連呼して、初めて子供たちにデリバリーできるのです。

私は目が覚めるような思いがしました。わかりやすい文章や絵ではなく、こういう届け方があるのか、少し頭が固くなりすぎているなと反省しました。

私は、スピーチライターが本職で、デリバリーのプロとして仕事をしています。そして、世界の最前線で活躍している経営者や広報の皆さんに、デリバリーの方法を教える先生もしています。すべてのデリバリーは、体系的に明らかになっているように自信たっぷりに語ります。

でも、実際はこんな大切なことも見落とすレベルなのです。ですから、すべてを見通せる自信はありません。

ただ、他の人も私と同じように見落とすことがあることを知っていますし、誰よりもデリバリーについて考えようと努力していることだけは自信があります。

どんなに勉強しても、最後まで自信は持てません。そして、それは全員同じです。気弱さんも、気弱さんではない人も、同じなのです。

◎偉い人を疑う

有名人の言葉はそうでない人の言葉よりも説得力があるように感じます。

これは、実際に私が相談を受けたある事件についての話です。

ある気弱さん（20代前半女性）がツイッターでフォロワー数10万人以上の若い社長から、「なんか元気そうだし、良かったらキャリアの相談に乗るよ」とDMで声をかけられました。将来に不安を感じていた気弱さんは、その誘いを受け、2人で食事をすることにしました。

指定された場所に行くと、ちょっとシャレたバルで、あまり仕事の話をするような雰囲気ではなく違和感を覚えました。

仕事の話をしても、まともなことは教えてもらえず、どんな仕事をしているのかさえも教えてもらえません。聞いても教えてくれないのは、仕事で機密が多くて言えないのかな、当時はそう思っていたそうです。そして、帰り際、じゃあ、僕の泊まっているホテルでルームサービスを取って続きの話をしようと、誘われました。

あまりにも嫌だったので断ったのですが、強引に誘われてしまい断れなくて困り果ててしまいました。そこにたまたま心配した彼氏から電話があって、そのまま彼氏の指示に従って帰ることができました。そして、彼氏と相談してその若い社長をブロック。

その1ヶ月後、ツイッターでその彼が強姦罪で逮捕されたことを知りました。

よく考えてみると、彼がなんの会社をやっているのか、どうやって売り上げを上げているのかなど、何も具体的な話を教えてもらっていなかったことに気づきました。すべて詐欺士の虚構だったのです。フォロワー数だけで、その人が立派な人だと思い込んだ自分の浅はかさを痛感したそうです。

こういう有名人や権威がある人を、私たちは盲目的に信じる傾向にあります。しかし、その権威は実態を伴っていないことがよくありますし、**権威が嘘で塗り固められていることも決して珍しくありません。**私自身も、毎年1

人か2人くらいは、そういう人に出会っているように思います。

よくある詐欺師の特徴は、名刺の肩書きが無数にあって何をやっている人かわからない、経歴がすごく立派なのに話の手応えがない、今の肩書きと見た目が一致しないなど、初対面で何らかの違和感を覚えることが多いようです。


気弱さんは、自分に自信がないので、権威にものすごく弱いのです。論理がめちゃくちゃでも、偉い人が言っていることだから、自分が間違っているのかも、と思ってしまいます。しかし、お話ししてきたように、偉い人というのは世界に存在しません。権威はすべて嘘です。

大切なのは、誰が言っているかではなく、何を言っているかです。

といっても、何が嘘で何を信じればいいか、判断できるようになるには、経験が必要かもしれません。そこで、偉い人が言っていることに反論する練習が、権威に対抗する力になります。

その練習になるのが、テレビへのツッコミです。テレビのニュース番組などで、コメンテーターが何か発言します。そのとき、その意見に対して、「賛成です、なぜなら……」と、その意見に賛成する理由を話します。そして続けて、「反対です、なぜなら……」と、その意見に反対する理由も話します。

誰に聞かれるわけでもないので、思うままに話してみてください。コメンテーターという権威の言葉であっても、ほとんどの場合、賛成も反対もできます。

そうやって、権威の言葉にさらにコメントを付け加えることで、権威に騙されない基礎的な判断力を養っていきましょう。

テレビのニュース番組だけでなく、美容系YouTuberのコメントや、ファッションコメンテーターの感想などでも、同じようにできます。

習慣5

価値を学ぶ

◎相手の向こう側まで見る

「この世界には正解がない。そして、わかっていることも少ない。相手は、自分よりも優れているわけではない」。仮に、このようなことを信じることができたとして、気弱さんは気弱を克服することができるのでしょうか。

おそらくまだできません。それは相手の機嫌以外に、コミュニケーションを進める足がかりがないからです。

気弱さんがコミュニケーションを図るとき、相手に気に入ってもらおうとしてしまいます。

しかし、相手の顔色を窺《うかが》いながら話をするということは、コミュニケーションの支配権を相手に渡すことになります。何を喋ったら喜んでくれるか、何を喋ったら不快になるかを常に想像しながら話さなければならなくなります。ですから、**コミュニケーションの軸足を、相手の機嫌以外に置く必要があります。**

ある企業の経営企画部の人とこんな話をしたことがあります。「社長に喜んでもらえる企画を考えたら一切企画が通らなかった。でも、お客様に喜んでもらえる企画を考えるようになったら企画が通るようになった。しかもアドバイスももらえるようになった」

この話には学ぶべきところがたくさんあります。

目の前にいる相手に喜んでもらうのではなく、その向こう側を想像して話ができるようになると、コミュニケーションが円滑になり、しかもこれまで攻撃してくる相手だった上司が、味方になって一緒に考えてくれるようになったというのです。いったい何が起こったのでしょうか。

相手が喜んでくれるかどうかに軸足を置いたコミュニケーションでは、相手の機嫌に左右されます。機嫌は良いときもあれば、悪いときもあるため、徹底的に相手に従うしかありません。

しかし、相手の向こう側の存在に軸足を置いたとき、相手と目的が共有できるので、一緒に向こう側をどうすべきか考え始めることができます。相手にとって、あなたの不勉強や、足りない思考を攻撃するよりも、一緒に考えたほうがメリットが大きいからです。

つまり、大切なことは、相手と自分が共に軸足を置くことができる共通の利益、共通の価値を見つけること、です。それができたとき、気弱さんは、相手の顔色ばかりを窺う必要がなくなります。

◎価値を知ることから始めよう

相手の顔色を窺わずに相手に喜んでもらうためには、何かの価値を通したコミュニケーションが有効です。**自分が相手を喜ばせるのではなく、価値が相手を喜ばせるという関係を利用するのです。**

価値とは、例えばおいしいご飯です。おいしいものは、多くの人を喜ばせる共通の価値があります。それを実現しているのが飲食店です。

飲食店はお客様に同調することで相手を喜ばせているわけではありません。おいしいご飯を提供して喜んでもらっています。このように価値が提供できると、相手の感情に振り回されることなく、喜んでもらうことができます。

では、どうすれば価値を提供できるようになるのでしょうか。

価値を提供するためには、いろいろなものについての価値を知らなければなりません。おいしいご飯が何かを知らずに、おいしいご飯を提供することはできないからです。

しかし、気弱さんにとっては、味がよくわからないのと同じように、ファッションの良し悪し、メイクの良し悪し、映画の良し悪し、遊び方の良し悪しなど、世の中で価値あるものが、なぜ価値があるとされているのか、よく考えてみるとわからないことも多いと思います。端的にいえば、気弱さんは価値に鈍感なんです。

価値は、勉強しなければわかりません。

例えばカードゲームのトランプと一緒です。大富豪という遊びがありますが、初めてプレーするときは、ルールはどうなっているのか、どういう揃え方が有利なのか、どういう駆け引きが有効なのか、よくわからないはずです。ですから、1回目の遊びはそんなに楽しくありません。しかし、プレーをしながら、ルールや揃え方や駆け引きを覚えてくると、断然楽しくなります。トランプの価値は、学ぶことで知ることができるのです。

社会には、トランプに限らず、勉強しなければわからない価値で溢れかえっています。ファッション、インテリア、建築、旅行、音楽、ダンス、アート、スポーツなど、すべて楽しむためには勉強が必要です。勉強しなくてもそこそこは楽しめますが、本当に楽しいことは、勉強しないと楽しめないようになっています。

まずは、興味があるものからで構いません。いろいろな価値を知ることから始めてみましょう。

◎提案することと、好き嫌いの関係

価値は楽しむものでもありますが、表現して提案していくものでもあります。おいしい食事は食べることも、提供して喜んでもらうことも楽しいものです。

価値の提案をすることは、気弱さん克服の本質です。その価値に対して好き嫌いが必ず現れるからです。

例えば食事における価値について、高級レストランと吉野家を例に考えてみましょう。両方、おいしい食事を提供していますが、その提供している価値が違います。

吉野家は、安くて早くてさっとお腹がいっぱいになって、満足感のあるおいしさを提供しています。「うまい、やすい、はやい。」が価値です。

一方、ミシュランガイドに掲載されるような高級レストランは、普段食べないような食材で、普段食べない調理法で作られた料理を、3時間程度ゆっくり時間をかけながら味わいます。ゆっくりと、特別な料理を、おいしく味わうことが価値になっています。

提供している価値がまったく違うので、本来比べにくいのですが、高級レストランの食事より、吉野家の牛丼が好きという人は、決して少なくないはずです。ミシュランガイド掲載のレストランを「あんなに気取ってばかりで、ちっともおいしくない」という感想を持つのは自然でもあります。

つまり、高級レストランのような凝った料理を提供することを決めると、誰かには必ず嫌われてしまうことになります。さらにいえば、嫌われる勇気がなければ価値を通した表現がそもそもできないのです。これは、吉野家の場合も同じです。

では、どうすれば嫌われる可能性があってもなお、価値を伝えたいと思える、強い心が手に入るのでしょうか。

◎伝えたいことが溢れだす

全員から嫌われたくない気弱さんが、嫌われても構わないと思える心を手に入れるのは、実はそんなに難しくはありません。

高価な自己啓発セミナーや、滝行などは、まったく必要ありません。ただ価値を知ればいいだけです。どういうことか、具体的にお話しします。

何が良くて何がダメか、何がおいしくて何がまずいか、何がかわいくて何がかわいくないか、その価値を一旦身体が理解してしまうと、もう元には戻れません。価値の尺度ができ上がってしまうと、うまいご飯はどの程度うまいのか、まずいご飯はどの程度まずいのか、体験した瞬間に、脳が勝手にランク付けするようになります。

そうなると、すごく良いものを体験したとき、どう良いのか、衝動的に人に伝えたくなります。子供は「見て見て！」と、ビー玉や自分の描いた絵についてその良さを延々とプレゼンし続けますが、価値があると思うものは誰かにどうしても伝えたくなるものなのです。

また、すごく良くない体験をしたとき、身体が生理的に拒否します。これは、気弱さんの嫌われたくないという意思を超えます。良くないものを相手が提供してきたとき、本音を話したら空気を壊してしまうと思ったとしても、生理的に反応してしまっているので、隠し切ることはできません。あなたが相手の本音をなんとなく見抜くように、相手もまたあなたの本音をなんとなく見抜けるからです。

価値を知るというのは、それだけで気弱さんの生活を根本から変えるパワーがあるのです。

価値を知る方法は、習慣2のおいしさを理解するときと同じです。

まず、何かを体験します。そしてその感想を語り合ったり、ノートやブログにまとめます。

特に、趣味が出やすいものについて、価値を理解しようとするのがオススメです。音楽でも、映画でも、ファッションでも、なんでも良いですが、例えば現代アートです。

私は、よく現代アートのデュシャンの『泉』（1917）を課題に挙げます。これはホームセンターで売られている男性用小便器の向きを変えて、R.MUTTと署名し制作年を入れただけの作品です。この作品は世界的に高い評価を得て、オークションでは1億円以上で取引されています。なぜここまで高い評価を得ているのでしょうか。何がおもしろいのでしょうか。それとも評価されすぎているだけで、実はゴミなのではないでしょうか。こういう答えのない議論をワイワイやってみてください。きっと楽しい時間を過ごすことができるはずです。

嫌われても大丈夫な心を作ることを目指すのではなく、伝えたすぎて嫌われてしまう、伝えたすぎてファンができるという状態を目指すことで、健康的に自分を少しずつ変えられ、人生が自然と前に進み始めるはずです。

◎着たい服を考える

気弱さんにとって自分の服装を考える基準は、その場で浮かないかというTPOが中心になっていて、自己表現としてのファッションではなくなっていることが多いようです。

自分の着たい服がない。着たいブランドがない。周りの服装に合わせている。目立ちたくない。こういう意見を気弱さんからたくさん聞いてきました。

もちろん、場に合わせて失礼のない服装をすることは必要です。しかし場に合わせながら、同時に自己表現をすることも、とても大切なことです。映画祭に集まるハリウッドのスターたちは、ドレスコードを守りながら個性的な衣装を着こなして、自己表現をしています。

そんな非日常的なシーンではなくても、多くの人は自分の個性を、服装を通して表現しながら生活しています。ぜひ、TPOを踏まえたうえで、さらに自己表現をするために、自分の着たい服を選んでみてください。

普段だったら着まわしなどを考えて服を選ぶと思うのですが、気弱さん克服のための服装選びでは、一度理想の自分を想像して、上から下までこれしかないというコーディネートにチャレンジしてほしいと思います。

ポイントは、理想を実現した自分をテーマにすることです。国際的に活躍している、インフルエンサーとして有名など、テーマを決めて服装を選んでみてください。いつもと違う自分に出会うことができるはずです。

そうして自分で選んだ服装が、周りに受け入れられれば、自信のない気弱さんにとって、良い効果があるはずです。逆に、受け入れられなくても、いずれ似合うようになればいいのです。時間をかけて成長していきましょう。

習慣6

お金を弱点にしない

◎経済的に自立する

自分の好きがはっきりしてくれば、断ることも、自分の意見を言うことも、自然にできるようになってくるはずです。しかし、まだ、大きな問題があります。それはお金や評価です。

もし、学生さんでしたら、将来を想像して読んでほしいと思います。

自分の人生が、特定の誰かの評価で大幅に狂ってしまうようであれば、その誰かには絶対に逆らえません。その誰かに対して気に入られ続けなければならないというプレッシャーから、言いたいことが言えなくなりますし、自然と忖度して気に入られるように振舞ってしまいます。その結果、気弱さんに逆戻りしてしまいます。

気弱さんであることを根本から克服するためには、できれば特定の誰かに嫌われても、**生活が破壊されないような実力とキャリアを形成しておく必要があります。**

会社に勤めているのであれば、その会社をクビになっても転職市場で評価されるようなスキルであり、起業しても通用するタフさです。特に、ライティングやスピーキングなど、どこに行っても使えるスキルは、非常に強力な武器になります。また、社内での評判や人気も、このような圧力に対抗する大きな後ろ盾になります。

そのような努力をしながら、転職しても大丈夫、起業しても大丈夫、社内には味方が多いと思える状況を、少しずつ構築していきましょう。そうした準備の結果、社内で言いたいことが自由に発言できるようになって、周囲から高く評価され、順調にキャリアを重ねることができたりします。

逆に、会社にしがみついていなければ、という状況になってしまうと、思うように発言できず、社内での居心地が悪くなってしまうこともあります。

気弱さんを本当の意味で克服するには、常に経済的な自立を頭の片隅に置いて、日々の仕事に努めてほしいと思います。

◎セルフブランディングをする

繰り返しになりますが、ブランディングとは信頼貯金のことです。

例えば、ユニクロに行けば生活に使いやすい品質の良い服が安い値段で手に入るという信頼があります。一方で、LOUIS VUITTONに行けば、セレブが着るような特別感のある服が売られているし、BALENCIAGAに行けばビッグシルエットのストリート系の最高にかっこいい服が売られています。それぞれに提案しているスタイルが異なり、ファンはそこに行けばどんな服が買えるのかを知っています。

第3章で述べたように、こういうサービス提供者と顧客の信頼関係を少しずつ貯金していくのがブランディングです。

セルフブランディングは、この信頼貯金を自分におこなうことです。あいつに任せていれば大丈夫と思われる関係を作るということです。

会社に勤めている場合もそうでない場合も、基本的には同じことをします。いろいろなところに顔を出して、「こんなことをやっているんですよ」「こんなことをやりたいんですよ」など、営業して回ります。直接会って顔を売っておくことで、仕事で人材が必要になったとき、「あいつあれやりたいって言ってたな」と思い出してもらって、声をかけてもらえるようにしておくのです。

もちろん、任せられた仕事ではしっかり成果を出して、「あいつは口だけではない」ことを実績によって証明していきます。そうやって、社内外に、おもしろいやつがいることをブランディングしていきます。

そうやって仕事を続けていけば、自然にどこからでも声がかかるような人気者になれます。セルフブランディングの完成です。

こうして周りから頼りにされるようになると、人事評価を握られていても何も怖くありません。周りから人気があるので、おいそれと追い落とされないですし、仮に罪を被せられても人気があれば跳ね返すことさえできるでしょう。そして、会社を出てもその評価が下がることはそうそうありません。

実は、このセルフブランディングの方法、誰もが知る大手企業のトップに上り詰め、企業をV字回復させたレジェンドが、まったく同じことを実践したと教えてくれました。

勤めていてもそうでなくても、やるべきことは同じです。真面目に目の前の仕事をこなしながら、自分の顔を積極的に売って、人生を切り開いていきましょう。

習慣7

人間関係を広げる

◎人間関係に焦りは禁物

ここまでの習慣をしっかりと身につけることができていれば、もうすでに気弱さんはある程度克服されているはずです。依存的だった関係は徐々に解消され始め、自分の中からやりたいことが溢れ出して、いろいろなことにチャレンジし始めているかもしれません。

もしかしたら、「やりたいことがありすぎて絞れない」という状態になっているかもしれません。そのときは、習慣2の整理整頓のスキルを使って、断捨離をおこないましょう。そうやって、優先順位をつけて、人生をどんどん前に進めていくのです。

さて、ここまでできるようになったら、そろそろ人間関係を広げても、以前のように相手を無限に優先してしまって、苦しくなるということはないと思います。

ですから、最後の習慣7では、人間関係に働きかけて、いよいよ気弱さんを完全に克服します。

しかし、焦りは禁物です。ここで急ぐと、自立しようとするあなたに依存していた周囲の人が、急に攻撃的な態度に出て身動きが取れなくなってしまうかもしれません。そういう動きをかわしきれないときは、もう一度、習慣1からできることをやっていきましょう。**時間をかけて、少しずつ依存関係を整理し直していきます。**

◎小さなことをお願いしてみる

気弱さんは、お願いを聞くばかりで、自分からお願いすることはほとんどなかったと思います。そこで、何か友達にお願いをしてみましょう。

お願いはなんでもいいのですが、例えば、まずは食事に誘ってみるのはどうでしょうか。**誘われるのではなく、会いたい人を誘うのです。**これまでは誘われることのほうが多かったはずです。

こうやって自分から主体的に声をかけることに、まだ抵抗があるかもしれませんが、勇気を持って、あなたが会いたいと思った人を誘ってみましょう。きっと喜んでくれるはずです。**そうやって自分から広げるネットワークは、依存的な関係にならず健康的です。**

また、食事会を主催してみるのも良いと思います。友人たちを誘って食事会を主催して、みんなに楽しんでもらう時間を作るのです。

こういう幹事の仕事は、調整が多く、みんなのわがままに答えなければならないので、気弱さんがあまり得意にしてこなかった分野だと思います。もしかしたら、苦労の割に、見返りが少ないと思うかもしれません。

ですが、主催するというのは、気弱さんにとってはとても大きな一歩です。

ぜひ、チャレンジしてみてください。

◎断ってみる

気弱さんは、これまで友人や上司から、お願いされすぎるくらい、お願いされてきたと思います。嫌がらずにお願いを聞いてくれるからです。

ですが、今のあなたは、嫌なことは嫌とはっきり言えるはずです。

第2章で紹介した今月や来月までなど期間を長めにとって断るという手法に頼らなくても、今なら普通に断ることができるはずです。


例えば、あまり好きではない友人に食事に誘われたら、都合があるのでと断ります。「いつだったらいいの？」と、さらに聞いてきたら、これまでだったら返事をしないのが失礼だと思って、良い日を提示して結局誘いに乗ってしまっていたと思うのですが、そのまま「ごめんなさい、やっぱり今は忙しいんです」と、自然に言えるはずです。

どうしてかというと、**やりたいことが溢れているので、本当に時間がもったいなく感じるし、物理的に時間を割くことも難しくなっているからです。**

相手も忙しそうにしているあなたを無理に誘ったりはしないでしょう。

また、断ると今後の人間関係に影響を与える気がしますが、そんな表面的な人間関係は、あなたのやりたいことの前ではさほど重要ではなくなっています。

例の「あなたのためを思って言っている」という言葉は無視しましょう。また、「あなたには無理だ」という言葉もよく出る定番のフレーズで、周りの頑張っている起業家たちがよく言われていますし、私自身も言われました。あまり気にする必要はないでしょう。もちろん忠告はちゃんと聞いたほうがいいのですが、内容をきちんと吟味して、自分に必要か必要ではないか判断してほしいと思います。

直属の上司からのお願いも、無理なら断ってみましょう。チームですから、なんでもかんでも断るのもどうかと思いますが、無理をする必要はないと思います。

出世に影響しそうで引き受けたいということであれば、それもまた選択です。断れないから引き受けるのと、自分の出世のためにみんなの嫌がる仕事で

を引き受けるのでは、まったく精神的な負荷が違います。自分の意思で選択してください。

少し補足ですが、断るというのは、気弱さんを克服した後も、案外骨の折れる仕事です。私も仕事をお断りさせていただくことがあるのですが、丁寧に理由を説明したり、嫌な思いをしてほしくないと思うために、1時間以上メールとにらめっこしたり、半日から1日かけて条件が合わないことを確認したりすることはよくあります。

それくらい断るというのはエネルギーがいる仕事なのです。気弱さんだったときにうまくできないのは、仕方がないことだと思います。でも、これからは、前向きになれない誘いはどんどん断って、前向きになれる誘いを選んだり、お願いしたりしながら、人生を楽しんでほしいと思います。

◎意見を交わす

人と違う意見を持ったとき、自分なんかの意見が良いはずがないと、引っ込めてしまっていたと思うのですが、ここまで来たあなたなら大丈夫です。

友人とたくさん感想を言い合ってきて、権威に対して反論する練習もすでにたくさんしてきました。ですから、自然に議論が交わせるはずです。

しかし、注意点もあります。自分の思いが先行して、相手を攻撃しないようにしてください。そうすれば、より議論が前に進みやすくなります。

例えば、あなたのチームがイベントの企画をしていて、誰をゲストに呼ぶかで意見が食い違ったとします。そこで何も考えずに「それは違うんじゃないですか？　だって……」と切り返したとします。

この議論の仕方は、相手の意見を直接否定しています。大きな圧力が相手にかかりますし、あなたにも相手の感情の刃が返ってくるかもしれないため、あまりオススメできません。

そこで、こう切り出してみてほしいのです。「それは素晴らしいと思います。でも、〇〇についてはどうでしょうか」です。

「〇〇について」と、まずは論点を明確にして立場を作ります。物事は何事も立体的です。どの角度で見るかで、見え方が変わってきます。

〇〇から見れば、問題がありませんか、という議論の枠組みを作って一緒に考えようと誘うわけです。そうすることで、相手の意見を攻撃することなく、前向きな議論を続けることができます。

◎SNSを活用する

習慣1で、スマホやSNSと距離を置くことをオススメしましたが、今ならSNSを駆使して、人間関係のネットワークを広げることに積極的に活用できるはずです。また、単に人間関係を広げるだけでなく、自分の人生に役立つようなセルフブランディングにも活用できると思います。

まずは、普段取り組んでいること、やってきたこと、自慢したいことを、なんでもいいので気兼ねなくどんどん発信していきましょう。

このとき、何かメッセージを発信しようとすると、いろいろな人の顔が思い浮かぶと思います。

あの人を傷つけてしまわないか、あの人に嫌われるのではないか、ネガティブなことをたくさん想像するはずです。そういうことを全部無視するのも極端ですが、自分の進みたい方向性がはっきりしてくれば、自然とそういうノイズを超えて情報発信ができるようになります。

情報発信を始めると、突然ブロックされる可能性が高いです。気弱さんだったあなたが、なんだか楽しそうにしているのに耐えられない人がどうしても出てくるからです。

知り合いからのブロックはとても傷つきますが、それはあなたの大切なつながりではなかったのだと思います。あなたを大切に思う人は、あなたが努力していることを心から喜ぶはずだからです。

また、批判的なコメントが寄せられたり、間違ったことを書いて炎上したりすることが怖いかもしれません。しかし、そんなことは有名なインフルエンサーでもなければまず起きません。普通は無視されます。

もし仮に、**批判的なコメントが書かれた場合、自分が間違っていると思ったときは訂正すればいいだけ**ですし、変な絡み方をする人は迷わずブロックしてください。ブロックすることにすごく抵抗があると思うのですが、これも前に進むために必要です。自分の心を守るために、ブロックしましょう。

万が一炎上しても、該当する投稿を削除してしまえば、ほとんどの場合、数日で収まります。そんなに怖がる必要はありません。

SNSをセルフブランディングに活用する場合は、テーマを設定して、誰か特定の人の役に立つ内容を発信するようにすると良いでしょう。そのための専用のアカウントを作っても良いと思います。どんどん情報を発信して、リアルの知り合いだけでなく、オンラインでもあなたのファンを増やしていってほしいと思います。いろいろな学びや出会いがあるはずです。

◎安全基地と探索基地を作る

信頼できるパートナーや親友、先輩や先生がいれば、より前向きにいろいろなことに挑戦できるようになります。

精神的な自立が達成できたとしても、心を完璧に守りきることはできません。何かに挑戦すると必ず小さな失敗を経験します。恋活、就活、婚活など、〇〇活と呼ばれるものを無傷で切り抜けられる人はいないでしょう。社会生活は、挑戦と心の傷が常にセットになっています。

そんな生活の中でダメージを受けたとき、その体験を話しても否定されることなく受け止め癒してくれる存在を「安全基地」と呼びます。

一方、何かにチャレンジしたとき、「こんなことをやったんだよ」「こんなおもしろいことを見つけたよ」と報告しても、それを否定されることなく受け止めてくれる存在を「探索基地」と呼びます。

この安全基地と探索基地を持つことができれば、さらに安心していろいろなことにチャレンジできるようになるはずです。

相手に迷惑をかけないことばかり考えがちだった気弱さんでも、自立できてくればきっと見つけられるはずです。ただし、自立できていないままパートナーになりそうな人を無理に探すと、依存してしまって関係が破綻してしまうこともあります。ゆっくり信頼関係を育むようにしてください。

◎夢を語ることは気弱さんの卒業証書

気弱さんは、自分に自信がなかったので、「やりたいことが見つからない」と考えていたと思います。しかし本当は、やりたいことが見つからないのではなくて、「やりたくてもやる自信がない」という思いの裏返しが、「やりた

いことが見つからない」という言葉に表れているのだと思います。

ですが、気弱さんを一度克服すると、やりたいこと、体験したいことが溢れ出てきます。やりたいことがわからないどころか、やりたいことがありすぎて、時間が足りなくなります。

例えば、自己実現です。自己実現とは、「なりたい自分になる」や「夢を叶える」というフレーズで表現される状態です。

自己実現には、好きな服を着て、たくさん旅行に行って、おいしい食事をするという消費による方法と、やりたい職についてその仕事を通して実現する方法があります。この両方を実現しようと思うと、本当に時間が足りなくなります。特に仕事を通しての自己実現に挑戦すると、時間がどれだけあっても足りません。

私は、オンラインサロンを主宰しているのですが、そのサロンには、趣味で小説を書いている女性がいました。私は才能を感じたのでプロの作家を目指してはどうかと聞いてみました。「とんでもない」というのがその女性の返事でした。しかし、何度も作品を書くうちに、品質が上がってきて、プロとしても通用しそうだという手応えが出てきたら「私はプロになりたいです。どうしたらいいですか？」とこっそり相談がありました。本当に素晴らしい成長です。全力でバックアップをしたいと思いました。

自分の夢を誰かに語るのは、本当に勇気が必要なことです。

それは、バカにされそうだからです。これまでの人生で、そういう夢をバカにされたことは、誰しも一度はあるのではないでしょうか。その傷が、あなたの人生を抑圧して、気弱さんを作り出している原因になっているのかもしれません。

夢を周囲に語れるようになるというのは、周囲の同調圧力から自由になった証明で、気弱さんを卒業した証でもあります。

夢を語ることとは、気弱さんの卒業証書です。その先には、無限の可能性が広がっています。

私の友人でカンボジアの児童買春の問題に取り組んだ女性がいました。彼女は学生の頃に、カンボジアの児童買春の問題を撲滅したいと言いました。

するとこう言われたそうです。「その問題を解決するには100年かかる」と。しかし、実際は違いました。多くの国際機関が協力した結果、10年超でこの問題はほとんどなくなってしまいました。

夢を語ることは、大きな可能性への第一歩なんです。

おわりに

本書は、スピーチのときや目上の人と話しているときに、「頭が真っ白になってしまう人」のために書き始めました。主にあがり症への対処法についてまとめたのですが、一度を書き上げてみると、読者の本当の問題に向き合っていないのではないかと感じました。

あがり症は、それほど深刻な問題ではなく、簡単なトレーニングで治せます。書籍もありますし、本当に必要な人には話し方セミナーなどで対処できます。あがり症は、克服するための道がはっきりしているのです。

しかし、頭が真っ白になってしまう人の中でも、特に気弱さんは悩みが深刻であるように思われました。断れなさすぎて疲れきっている様子を毎日のように見ていたからです。ところが、気弱さんのために書かれた本は見当たりませんし、旧来のよく知られた自己啓発の方法ではうまくいかないのではないかと思われました。

そこで、あがり症の原稿は一度捨てて、一から相談してくださる人たちとのトライアンドエラーを体系化することにしました。

いざ書き始めてみると、あがり症、HSP、愛着障害、自己啓発などが入り組んでいて、想像以上に複雑であることに驚かされました。資料を当たれば当たるほど、専門家の意見が対立していくのです。このような経験は、10年以上この仕事をしていて初めてでした。

しかし、悪戦苦闘はしたものの、気弱さんでも十分に実践可能で、ごくシンプルな内容に、すっきりとまとめ上げることができたと思っています。本書の内容が、1人でも多くの気弱さんに届くことを願ってやみません。

最後になりますが、この話を持ち込んでくださった編集者の枝久保英里さんに感謝したいと思います。気弱さん当事者でもある枝久保さんが、ご自身の問題として粘り強く企画から相談に乗ってくださったことは大きな助けになりました。

また、下書きの段階からディスカッションにお付き合いくださったスピーチライターサロンのメンバーの皆さん、『HSP気弱さん当事者による克服ブログ＋蛙化も！』でさまざまな情報を提供してくださった読者の皆さん、そして何より日頃から私に相談してくださるクライアントの皆さんに、この場を借りてお礼申し上げます。

そして、インタビューにも応じてくれた気弱さん当事者の湊朱音さんに深く感謝いたします。

蔭山 洋介

蔭山洋介

1980年兵庫県生まれ。スピーチライター。クライアントは一部上場企業経営者や政治家から個人まで幅広い。企業のコミュニケーション戦略やブランディングのアドバイスもしている。学生時代演劇活動を行い、元文学座演出家荒川哲夫に師事。社会学者宮台真司の私塾にて学ぶ。「岡山県 湯郷温泉 旅館 季譜の里」のアートディレクションを行い、ミシュランガイド岡山2021に三ツ星を獲得。著書は、『パブリックスピーキング』(NTT出版)、『スピーチライター』(角川新書)、『なぜ、あなたの話は響かないのか』(ディスカヴァー・トゥエンティワン)。言葉で夢を叶えたい人のためのスピーチライターサロンを運営中。

その場の空気に負けてしまう
「気弱な人」の失敗しない話し方

2021年3月15日　第1版　第1刷発行

著　者　　蔭山洋介

発行所　　WAVE出版
〒102-0074　東京都千代田区九段南3-9-12
TEL 03-3261-3713　　FAX 03-3261-3823
振替 00100-7-366376
E-mail: info@wave-publishers.co.jp
https://www.wave-publishers.co.jp

印刷・製本　　中央精版印刷株式会社

NDC361　223p　19cm　ISBN978-4-86621-327-9